Unser Höfle
in Zuffenhausen

Prägende Geschichten aus glücklicher Kindheit

Wir danken unseren Sponsoren und Spendern für die freundliche Unterstützung beim Zustandekommen dieses Buches.

 Baugenossenschaft Zuffenhausen eG

 BW-Bank AG, Zuffenhausen

 Volksbank Zuffenhausen eG

 Porsche AG, Zuffenhausen

 Langro-Chemie Theo Lang GmbH, Zuffenhausen

 Siegel Backkultur KG, Zuffenhausen

 Metzgerei Eisenmann, Zuffenhausen

Weinhandlung Merk, Neuwirtshaus
Pflanzen Kölle GmbH, Neuwirtshaus
Wolf & Appenzeller GmbH, Markgröningen
Einrichtungshaus Ramsaier, Zuffenhausen
Trauben-Apotheke, Zuffenhausen
Stadt-Apotheke, Zuffenhausen
Heimatverein Zuffenhausen e. V.
Bürgerverein Zuffenhausen e. V.
Stadtverwaltung Stuttgart
Stuttgarter Volksbank
Benz Wein- und Getränkevertrieb
Stuttgarter Straßenbahnen AG
Grüne Woche, Verlag Eugen Heinz
und allen ungenannten Spendern

Alle Rechte vorbehalten.
Nachdruck, auch auszugsweise, ist nur mit
ausdrücklicher Genehmigung der Herausgeber
und nur unter Angabe von Quelle und
Name des Verfassers gestattet.
Bilder aus Privatbesitz.

Verlag, Gesamtherstellung und Gestaltung:
Verlag & Druck Eugen Heinz, Stuttgart
www.eHeinz.de

Printed in Germany 2009
ISBN 978-3-00-029481-5

Unser Höfle in Zuffenhausen

Prägende Geschichten
aus
glücklicher Kindheit

Herausgegeben von den
ehemaligen „Kindern" der Ludwigsburger Straße 52–60
in Stuttgart-Zuffenhausen

Redaktionelle Bearbeitung

Prof. Dr. Walter Euchner
Heide Maria Gühring
Dr. oec. (CH) Norbert Launer

Die vorliegende Publikation stellt eine Sammlung von Geschichten und Erzählungen derzeitiger und ehemaliger Bewohner unterschiedlichster Jahrgänge des Wohnblocks Ludwigsburger Straße 52–60 in Stuttgart-Zuffenhausen dar.

Bei der redaktionellen Bearbeitung war es durchaus beabsichtigt und auch gewollt, dass die sprachliche Herkunft der Autoren erkennbar bleibt. Ebenso gewollt ist, dass die eine oder andere Geschichte und Begebenheit in mehreren Erzählungen auftaucht, niedergeschrieben jedoch aus der Hand und der Sicht der Autoren, ihren jeweiligen persönlichen Eindruck und ihr eigene Bewertung widerspiegelnd.

Begriffe wie z. B. „Zigeuner" oder „Zigeunerinsel" usw. sind weder rassistisch noch beleidigend gemeint. Es waren Begriffe aus unserer infantilen Sprache damaliger Zeit.

Grußwort des Oberbürgermeisters Dr. Schuster

„Es war einmal." So könnte sie beginnen, die Geschichte, die zu diesem ungewöhnlichen Buch geführt hat. Es war einmal, dass das „Höfle", ein Gebäudeblock mit 48 Wohnungen in der Ludwigsburger Straße in Stuttgart-Zuffenhausen gebaut wurde. Nach dem 1. Weltkrieg galt es die Wohnungsnot zu lindern und hierzu trug der im Jahr 1928 bezugsfertige Block bei. Er wurde „Beamtenblock" genannt, da hauptsächlich Beamte mit ihren Familien in dieses große und moderne Haus eingezogen waren.

Damit könnte, wie bei so vielen Häusern und Wohngebieten, die Geschichte zu Ende sein. Wenn nicht einige der früheren Bewohnerinnen und Bewohner es unternommen hätten, sich auf die Suche nach ihren damaligen Mitbewohnern zu machen. Nach über 40 Jahren war dies sicher ein Wagnis, das jedoch erfreulicherweise dazu führte, dass daraus ein gemeinsames Treffen entstand. Die Vertrautheit aus Kindertagen machte es möglich, dass Menschen der Jahrgänge 1918 bis etwa 1948 ein überwältigendes Wiedersehen feiern konnten. Dabei entstand die Idee, die Erlebnisse und Erinnerungen der verschiedenen Jahrgänge aufzuschreiben.

Die Vielfalt der hierfür entstandenen Beiträge gibt einen einzigartigen Einblick in die Zeit vor, während und nach dem 2. Weltkrieg in Zuffenhausen. Über leidvolle und positive Einzelschicksale hinaus ist ein Bild gezeichnet worden, das nicht nur bei ehemaligen Mitbewohnern und alteingesessenen Zuffenhäusern auf Interesse stoßen dürfte. Ich wünschte mir daher, dass auch Historiker und Sozialwissenschaftler die geschilderten Erlebnisse mit Gewinn aufnehmen. Auch unser zukünftiges Stadtmuseum im Wilhelmspalais könnte ein geeigneter Ort werden, um diese Alltagsgeschichten zu erzählen.

Schließlich kann ein solches Werk auch Anregung sein, sich an seine eigenen Wurzeln und Erfahrungen zu erinnern. Sie haben ja die eigene Identität und Persönlichkeit wesentlich mitgeprägt. So ist das, was einmal war, meist nichts endgültig Abgeschlossenes, sondern des Erinnerns wert. In diesem Sinne wünsche ich dem Buch eine große Verbreitung und viele interessierte Leserinnen und Leser.

Dr. Wolfgang Schuster
Oberbürgermeister

Grußwort des Bezirksvorstehers

Wie immer steht am Anfang eine Idee, die zu Recherchen und viel Arbeit führt. Bei diesem Buch war es ebenso.

Ich freue mich, dass hier Zuffenhäuser Bürger ein großes Heimatverständnis entwickelt und Ihre Erlebnisse und Erfahrungen in einem Buch festgehalten haben. Dies umso mehr, als ich auch in meiner Funktion als Heimatvereinsvorsitzender sehr früh zu der Idee und deren Verwirklichung befragt wurde. Gerne habe ich dazu beigetragen, das Gelingen dieses Werkes zu ermöglichen.

Die Nachforschungen und das Zusammentragen aller festgehaltenen Informationen, Erlebnisse, Beiträge und Bilder hat sehr viel Zeit in Anspruch genommen. Daher ist den Initiatoren dieses Buches großes Lob und Anerkennung auszusprechen. Durch die Erzählungen von Einzelpersonen und deren Erlebnissen ist es erst möglich geworden, einen großen Einblick in die Zeit vor, während und nach dem 2. Weltkrieg in Zuffenhausen zu erhalten.

Nun hoffe auch ich auf ein reges und großes Interesse an diesem interessanten Buch und wünsche allen Leserinnen und Lesern viel Freude und Spannung und vielleicht auch ein Erinnern oder Miterleben der aufgezeichneten Alltagsgeschichten.

Gerhard Hanus
Bezirksvorsteher

Grußwort der Baugenossenschaft Zuffenhausen eG

In der gemeinsamen Sitzung von Vorstand und Aufsichtsrat am 18. Oktober 1926 wurde der Bau der Stuttgarter Straße 45 bis 49 (heute Ludwigsburger Straße 58 bis 54) in Zuffenhausen beschlossen. Die Wohnungen konnten bereits im Mai 1927 bezogen werden, noch im gleichen Jahr wurde der erste Querbau, die Stuttgarterstraße 43 fertig gestellt. Mit der Herstellung des zweiten Querbaus, der Stuttgarter Straße 51, im Jahr 1929 war das, was wir heute „Ludwigsburger Block" nennen, vollendet.

Wer hätte damals gedacht, dass sich im Sommer 2007 so viele ehemalige Bewohner zusammenfinden würden, um sich gerne an ihre Kindheit und Jugend zu erinnern – so gerne, dass daraus sogar ein ganzes Buch geworden ist.

Für ein Wohngebäude ist das wahrlich eine Erfolgsgeschichte.

Ein Wohngebäude ist nun einmal nicht nur fachmännisch verarbeitetes Material nach den Plänen der Architekten, sondern vor allem Lebensraum für Menschen. Wie viel Leben dabei entstehen kann, das ist in diesem Buch nachzulesen.

Als Genossenschaft, deren satzungsmäßiges Ziel noch heute die „Förderung ihrer Mitglieder vorrangig durch eine gute, sichere und sozial verantwortbare Wohnungsversorgung" ist, freuen wir uns darüber natürlich besonders.

Unser Dank geht an alle Autoren und Macher von „Unser Höfle"!

Zuffenhausen, im Juni 2009

Baugenossenschaft Zuffenhausen eG
Hanns Hub, Bernd Heinl, Rolf Müller

Hanns Hub, Bernd Heinl, Rolf Müller

Inhalt

EINLEITUNG

Das Höfle	Heidi Gühring (geb. Zierle)	12

ERINNERUNGEN

Wir Kinder und der Hof   Heidi Gühring (geb. Zierle)   **17**

Der Block, das Höfle und die heranwachsende Jugend   **28**
                                       Dr. jur. Wolfgang Leibfritz

Der „Beamtenblock": Wohnkomfort für die Älteren,   **38**
ein Abenteuerspielplatz für die kreativen Jungen
                                       Albert Zierle

Ein Höflebewohner wird zum „Kaibe-Schwob"   **47**
und halben Schwyzer   Dr. oec. Norbert W. Launer

Ruinen als Abenteuerspielplatz und wie ich zum   **59**
Flugzeugbastler wurde   Gerhard Pfisterer

Gruselige Erinnerungen: Der Gang in den unheimlichen Keller   **68**
                                       Hans-Peter Jacob

Mein erstes Telefon oder wie meine Liebe zur Technik erwachte   **71**
                                       Dr.-Ing. Klaus Dobler

Meine Liebe zu den Höfleskindern, zum Theater und   **74**
zum Violinspiel   Renate Sigel (geb. Knoblich)

Abstieg und Aufstieg in einer „Schutzburg"   **77**
                                       Wolfgang Geiger

Du glückliche Hofzeit und meine Erlebnisse mit dem geschenkten Fahrrad　　Helmut Gottmann	85
Glückliche Rückkehr in die Ludwigsburger Straße　　Gerhard Künzel	89
Der Hof, seine Häuser, seine Menschen und der Beleidigte Dackel Waldi　　Gertrud Wolf (geb. Sturm)	92
Kleine Episoden　　nacherzählt von Heidi Gühring (geb. Zierle)	98
Die Fenster mit dem Ausblick zum Hof　　Martin Mayer	102
Die „reingeschmeggte Heidrun"　　Dr. med. Heidrun Schultz (geb. Jahn)	105
Der Kirschbaum und die Schuco-Autos　　Gerhard Künzel	109
Der Mostbirnenbaum, Frau Kluth, ihr Kiosk und die geklauten Veilchen　　Rose Hotz (geb. Künzel)	111
Die Rossbollenstory　　Marlies Wagner (geb. Jahn)	112
Einige Geschichten aus der Jugendzeit im Höfle　　Dr.-Ing. Klaus Röser	113
Waldi und unsere Streiche　　Klaus Denzinger	116
Hafner Schmid ist der „Alte Fritz" und der Pfützenspaß　　Elfriede Lausmann	119
Der Ausflug in das Scilla-Wäldchen　　Ursula Dallmeyer (geb. Lausmann)	122
Lob der Hausgemeinschaft　　Erich Enke	125

Ökumene wider Willen und Rettung aus höchster Not   **127**
Peter Schmid

Das jähe Ende des Klavierunterrichts   **130**
Die geklauten Lucky Strikes
Der vergessene Konfirmandenunterricht
Die Rache für ungerechte Ohrfeigen   *Peter Schmid*

Von der großen Freiheit zur erneuerten Schulpflicht   **134**
Prof. Dr. Walter Euchner

ANMERKUNGEN, ANHANG

Anmerkungen zu den Gewittern über Zuffenhausen und   **143**
meinem zweiten Hochsitz   *Prof. Dr. Walter Euchner*

Gedanken zum Ludwigsburger Block   **145**
Ludwigsburger Straße 54–58 (früher Stuttgarter Straße 49–45)
Hanns Hub

Auszug aus der Niederschrift über eine Hauptversammlung   **148**
Hanns Hub

LITERARISCHE TRAVESTIEN   **156**
Walter Euchner

EINLEITUNG

UNSER HÖFLE
IN ZUFFENHAUSEN

Das Höfle

von Heidi Gühring, geb. Zierle

Wie oft habe ich unseren Kindern von unserem Block, dem Höfle, den vielen Spielkameraden, Spielen und Streichen erzählt – eben von meiner Jugend in der Ludwigsburger Straße. Wenn bei Familienfesten auch noch mein Bruder von diesem besagten Höfle und den Mitbewohnern erzählte, hörten sie fasziniert zu – es kam ihnen vor, wie Geschichten aus einer ganz anderen Welt. Je älter ich wurde, umso mehr erinnerte ich mich wieder an diese Zeit und das Leben mit den Mitbewohnern im so genannten „Beamtenblock". Er wurde so genannt, weil 1928 hauptsächlich Beamte in dieses moderne, große Haus eingezogen sind. Dementsprechend herrschte hier Ordnung, Höflichkeit und Rücksichtsnahme.

Wie gerne hätte ich auch die Spielgefährten aus meiner Jugend mal wieder gesehen, aber wie es eben so ist, man redet oft darüber und dabei bleibt es dann auch meist, bis ...: „Was glaubst Du, wen ich im Fernsehen gesehen habe? Den *Norbert Launer* aus unserem Block!" rief mich eines Tages mein Bruder an! „Ich habe ihn dann ein paar Tage später angerufen und er hat sich so darüber gefreut!" Ach ja der *Norbert*, er wohnte mit seinen Eltern zwei Stockwerke über uns. Wieder kamen Erinnerungen auf und dabei entstand dann doch der ernsthafte Gedanke, alle diese Menschen wieder sehen zu wollen, die uns in unserer Kindheit begleitet und auch zum Teil geprägt hatten. Ich begann, Hausnummern und die dazugehörigen Mitbewohner, an die ich mich noch erinnern konnte, zu ordnen. Für mich war es faszinierend, welche Namen und die dazugehörenden Geschichten in mir wieder wach wurden. Aber, wie würden die Leute wohl reagieren, wenn ich sie da einfach nach 40 Jahren anrufen würde: „Hallo, ich bin die *Heidi Zierle*, erinnern Sie sich noch …?" Ich war fest entschlossen, das Unternehmen „Wiedersehen im Höfle" zu starten.

Die Reaktion bei meinen Anrufen war überwältigend, ausnahmslos freuten sich alle über die Idee eines gemeinsamen Treffens der Mitbewohner unseres Blockes. Schnell wurden Namen und Adressen weitergegeben, die ich noch nicht kannte oder die ich vergessen hatte. Es waren ja so viele Jahrgänge vertreten, von 1918 bis 1947/48 und noch ein paar jüngere, an die ich mich erinnern konnte.

Das Treffen wollte ich unbedingt in unserem Höfle starten und dabei möchte ich mich ganz besonders bei *Herrn Hub* von der Baugenossenschaft Zuffenhausen e.G. bedanken, der für dieses Vorhaben sofort ein offenes Ohr hatte und es uns möglich machte, dass wir unser Wiedersehen in „unserem" Höfle feiern konnten. Mit einem Sektempfang und einem kleinen Imbiss wurde dieser ereignisreiche Tag noch gekrönt. Also nochmals herzlichen Dank an Herrn Hub. Auch mein Bruder *Albert Zierle* und *Gerhard Pfisterer* halfen mir nach Kräften mit Rat und Tat.

Es wurde ein überwältigendes Wiedersehen nach so vielen Jahren! Man erkannte sich wieder, wenn auch manchmal erst beim zweiten Hinschauen, die alte Vertrautheit aus der Kinderzeit war dann aber schnell wieder da. Viele Erinnerungen wurden ausgetauscht, plötzlich tauchten wieder Namen, Geschichten, Streiche und Anekdoten auf, bei denen man mitgewirkt oder die man schon längst vergessen hatte. Besonders schön war, dass es den betagten und kranken ehemaligen Mitbewohner durch ihre Helfer ermöglicht wurde, an diesem Treffen ebenfalls teilzunehmen. Der Nachmittag verging wie im Flug und als wir abends noch gemütlich beim Abendessen im Klosterkeller beieinander saßen und erzählten, kamen *Walter Euchner* und ich auf die Idee, diese Jugenderinnerungen, Streiche und Erlebnisse der verschiedenen Jahrgänge zu sammeln und aufzuschreiben, denn,

Heidi Gühring, geb. Zierle

wie schon *Wolfgang Leibfritz* schrieb: „Er war nicht irgendein Block und nicht irgendein Höfle

– es war etwas ganz Besonderes – ".

Bilder vom Treffen in unserem Höfle im Jahr 2007

Heidi Gühring, geb. Zierle

Besuch der Königin Elisabeth von England vor unserem Höfle im Jahr 1964

Heidi Gühring, geb. Zierle

ERINNERUNGEN

Wir Kinder und der Hof

von Heidi Gühring, geb. Zierle
Jahrgang 1947, ehem. Haus 56

Die Höflekinder verschiedener Jahrgänge

Meine Großeltern *Maria* und *Albert Zierle* zogen 1928 in die Ludwigsburger Straße 56 mit meinem Vater *Walter* und meinem Onkel *Albert*. Das Gebäude war für die damalige Zeit modern und aufwändig und nicht schmucklos gebaut. Über den Eingängen der Häuser Nummern 54–58 sind zur Ludwigsburger Straße hin aus Stein gehauene Köpfe angebracht. Über dem Eingang bei Haus Nummer 56 blickte ein nachdenklich schauender Mann herunter, der sich auf seine Hand stützt. Mein Großvater war Lehrer in Zuffenhausen an der Rosenschule und als ihn einmal die Schüler fragten, was dieser Männerkopf denn bedeuten sollte, antwortete er schmunzelnd: „Das bin ich, wenn ich am Ende des Monats darüber nachdenke, wie ich meine Miete für den nächsten Monat bezahlen soll."

Während des Krieges wurde mein Großvater mit seiner Schulklasse ins Hohenlohesche Land evakuiert, während meine Großmutter in der Ludwigsburger Straße blieb. Bei meinem Großvater auf dem Lande war es ruhig, es gab keine Luftangriffe und vor allem gab es noch ausreichend zu essen. Deshalb schlug er meiner Mutter vor, sie solle mit meinem Bruder zu ihm nach Blaufelden kommen. Sieben Jahre Aufenthalt sind daraus geworden. Sie lebte dort mit meinem Bruder und später auch mit meinem Vater auf einem Bauernhof. 1947 wurde ich in Schrozberg geboren, 1950 kamen wir zurück nach Zuffenhausen. Meine Eltern hatten das Glück, dass sie bei meinen Großeltern eine Wohnung in der Ludwigsburger Straße 56 beziehen konnten. Damit begann für mich eine unbeschwerte und glückliche Kindheit, an die ich mich bis heute gerne erinnere. Deshalb möchte ich diese Erlebnisse und Erinnerungen erzählen, wie ich sie empfunden habe, als ich zwischen 4 und 15 Jahre alt war.

Der Block mit seinem Höfle, die vielen Kinder aller Altersklassen mit den dazugehörenden Erwachsenen haben sicher dazu beigetragen, dass meine Kindheit nie langweilig war. Damals gehörten wir noch zu den „Kleinen": *Jörg Röser, Rolf Lausmann, Wolfgang Schneider, Dorothee Hirzel* und ich. Für mich war es immer sehr aufregend, wenn wir mit den „Großen" mitspielen durften. Zwei oder drei Jahre Altersunterschied waren enorm viel. Da ich nicht wie all die anderen Kinder in den Kindergarten ging, wartete ich schon sehnsüchtig bis ich nach dem Mittagessen Stimmen im Hof hörte und ich raus konnte. Bis 14 Uhr musste man ja noch leise sein, wegen der Mittagsruhe, die akribisch eingehalten wurde, aber dann … irgendjemand war ja immer da, mit dem man spielen konnte.

Wir Kinder freuten uns sehr, wenn im Frühjahr der neue Sand für die beiden Sandkasten kam und wir mit viel Fantasie unsere Burgen für unsere Ritter bauen konnten. Da kamen dann auch am Nachmittag die Größeren und buddelten mit im Sand oder es wurde darin Weitsprung geübt. Abends, wenn noch viele

Kinder im Hof waren, versammelten wir uns oft vor der Klopfstange bei Rösers. Hinter dieser Stange befand sich ein Betonblock, der wahrscheinlich noch vom Krieg übrig geblieben war. Die „Großen" hechteten von da aus zur Stange und schaukelten daran und wir Kleinen sahen ihnen ehrfurchtsvoll dabei zu, denn wir hatten ja nicht einmal die Chance, ohne Hilfe zu dieser Klopfstange hochzukommen. Doch oft erbarmte sich einer der Großen und hob uns hoch. Dann schaukelten wir solange stolz daran, bis es uns die Arme lang zog und wir uns dann einfach fallen ließen.

Heidi Zierle, Monika und Anneliese Otter im Hof

Ein beliebter Treffpunkt war auch das Trockenplätzle bei *Schmids*. Auf den Treppen wurden Streiche ausgeheckt, Erlebnisse verbreitet, Micky Mouse Hefte ausgetauscht oder Ratespiele gespielt. Das Plätzle selbst war der ideale Ort für die vielen gemeinsamen Spiele wie Fangerles, Verstecken, 3 Scheitle, Spachteln, Deutschland erklärt den Krieg gegen …, Völkerball und die vielen anderen schönen Spiele, die wir gemeinsam gespielt hatten. Leider kennen die Kinder von heute diese Spiele gar nicht mehr. Für uns Kleinen waren diese Spiele auch manchmal ganz schön anstrengend, wenn wir von den anderen veräppelt wurden und wir beim Versteckspiel niemand fanden, oder zu langsam beim Abklatschen waren. Einmal wurden wir auch von den Großen zum Einkaufen in den Laden von Schurys geschickt um eine Schachtel „Haumeblau" zu besorgen, das anschließende Gelächter kann man sich ja vorstellen. Auch das Spiel „treiben" war sehr beliebt. Da gab es zwei Parteien, die sich gegenüberstanden und sich einen Ball zuwarfen. Hielt der Gegner den Ball, durfte er stehen bleiben und den Ball zurückwerfen, schlug der Ball hinter dem Gegner auf, musste dieser bis dort hin zurück. Der Hof war ja lang genug für dieses schöne

Spiel. Die hohe fensterlose Hauswand der Nummer 58 war wie geschaffen für allerlei andere Ballspiele, an deren Namen ich mich leider nicht mehr erinnere, nur die Bewohner waren nicht sehr erfreut, wenn die ganze Horde Kinder johlend die Bälle an die Wand knallte.

Wir Kleinen profitierten natürlich auch von den „Großen". Auf *Axel Schmids* Herrenrennrad habe ich das Fahrradfahren gelernt. Das war gar nicht so einfach, denn ich musste mit meinen kurzen Beinen unter der Querstange durch und dann auch noch die Balance halten, wo ich doch kaum über den Lenker sehen konnte. Die Geduld von *Axel* bewundere ich heute noch, wie oft er mit mir, das Rad am Sattel haltend, den Hof rauf und wieder runter lief, bis es dann endlich klappte und ich Fahrradfahren konnte. Auch das Rollschuhlaufen mit Eisenrädchen zusammen mit 5 bis 6 anderen Kindern hintereinander und x-mal um den ganzen Block war einfach klasse. Heute lache ich oft darüber, hatten unsere Eltern und Mitbewohner stärkere Nerven als wir heute? Obwohl, einige hat es schon sehr genervt, denken wir mal an die beiden älteren Herren in 52 und 56?!

Monika Otter brachte mir das Rollschuhlaufen bei

Der Tag war für mich immer zu kurz, vor allem im Sommer, wenn abends gegen sieben Uhr der wohlbekannte Pfiff meines Vaters erschallte, das Zeichen, ohne Widerrede nach Hause zu kommen. Nach dem Abendessen gab es dann kein Entrinnen mehr. Später, wenn ich dann in meinem Bett lag und ich die Stimmen der Älteren noch draußen im Hof hörte, dachte ich, ach was habe ich heute wieder versäumt!
Über die ganzen Jahreszeiten spielte sich so vieles in unserem Höfle ab. Im Sommer spielten wir auf den Wiesen und Feldern

hinter dem Haus oder spielten Verstecken zwischen der frisch gewaschenen, aufgehängten Wäsche im Hof – da war der Ärger schon vorprogrammiert. Wir testeten, ob wir wieder ein Stück gewachsen waren und jetzt ohne fremde Hilfe auf den Birnbaum hoch kamen. Auf ihm saßen schon vor unserer Zeit ein paar Generationen von Kindern und Jugendlichen.

Im Mai warteten wir alle darauf, bis endlich die ersten Maikäfer in die Küche geflogen kamen. Abends öffnete ich das Fenster, schaltete die Küchenlampe an und wartete bis der erste Maikäfer gegen die Lampe flog und ich das Krabbeltier in die schon vorbereitete Schuhschachtel befördern konnte. Am anderen Tag haben wir dann gezählt, wer die meisten Käfer hatte. Waren es zu viele, brachten wir sie zum Hühnerstall hinter den Wiesen. Ach, wie oft hatte uns der Bauer – wie er richtig hieß, weiß ich gar nicht mehr, wir nannten ihn nur „Simselabimbo" – im Sommer aus seinen Maisfeldern gejagt, immer gerade dann, wenn wir sooo schön Versteckerles spielten.

Überhaupt kamen mir die Sommer damals viel heißer vor als heute und da fällt mir noch eine kleine Geschichte ein, die ich mit *Dorothee Hirzel* erlebt hatte. *Dorothee* und ich waren ungefähr 6 Jahre alt und sie hatte im Sommer Geburtstag. Von einer Tante hatte sie 1 Mark geschenkt bekommen. Es war ein heißer Sommertag und da kam sie auf die Idee, das Geld nicht zu sparen, sondern es in Eis anzulegen. Dazu lud sie mich ein. Schnell gingen wir zum Bäcker Fischer und jede bekam 5 Kugeln Eis. Wir setzten uns auf eine Bank im Anlägle gegenüber der Hohensteinschule und schleckten mit Wonne unsere riesige Menge Eis – jene Nacht war für uns beide fürchterlich, uns wurde schrecklich schlecht. Do-

Die Puppenmütter Heidi Zierle und Dorothee Hirzel

Heidi Gühring, geb. Zierle

rothee bekam dann obendrein noch Schimpfe von Ihrem Vater, weil sie das Geld einfach verputzt hatte.

Ich erinnere mich auch gerne an die wundervollen Spaghettis mit einer herrlichen roten Tomatensauce aus frischen Tomaten, die *Wolfgang Schneiders* Mama kochte. Diese Sauce schmeckte so lecker und völlig anders und nicht so wie die schwäbische Tomatensauce, die damals hauptsächlich aus Mehl, Tomatenmark und Wasser bestand. Erst viele Jahre später habe ich erfahren, dass *Frau Schneider* aus Italien stammte und deshalb so gut Pasta kochen konnte.

Im Herbst waren Angerscha[1] sehr interessant, auch für die Größeren, denn die hatten ja schon ein Taschenmesser, mit dem sie die geklauten Angerscha wunderbar aushöhlen und gruselige Fratzen reinschnitzen konnten. Abends wurde dann in die Rübe eine Kerze zur Beleuchtung gestellt, damit wollten wir im Vorgarten Leute erschrecken, die aus der Straßenbahn ausstiegen und nach Hause wollten. Manche taten uns dann auch den Gefallen, oder taten immerhin so, dass wir unseren Spaß hatten. Es freute mich immer, wenn mein Bruder im Herbst anfing Drachen zu bauen und wenn mein Großvater dann das Ungetüm mit einem Gesicht verzierte. Der Flugtag war *das* Ereignis, hinten auf den Feldern! Die anderen Kinder waren auch alle mit ihren neuen Konstruktionen da und dann kam der spannende Moment: fliegt er nun oder nicht, und wenn ja, wie weit und wie hoch – manchmal kam er auch nicht wieder, sondern hing an einer Hochspannungsleitung.

Im Spätherbst wurde es in den Souterrains im Haus lebendig, der Kohlenmann wurde erwartet; bei uns kam er von der Firma Kast. Meine Mutter und meine Oma standen dann da und waren ausgerüstet mit Kopftuch und Kittelschürze. Das Fenster im Keller war geöffnet und der Schwarze Mann schüttete die

---
[1] Futterrüben

ganzen Eierkohlen in den dazugehörigen Holzverschlag. Die Briketts wurden feinsäuberlich gestapelt und die Spächele[2] kamen auch an ihren Platz. Abends war dann ein Bad außerhalb der Reihe angesagt. Jetzt konnte der Winter kommen, aber jedes von uns Kindern hasste den Gang in den Keller, um die Kohlen zu holen. Der Keller war einfach zu dunkel und zu weit weg von der sicheren Wohnung.

Auf den ersten Schnee freuten wir uns alle sehr. Oft hatten wir sehr viel Schnee, so viel, dass manchmal sogar die Straßenbahn Verspätung hatte oder gänzlich ausfiel. Die Mitbewohner die Kehrwoche hatten, trafen sich dann zum Schneeschippen vor dem Haus und nicht selten entstand dann daraus eine zünftige Schneeballschlacht! Wir Kinder trafen uns am Nachmittag zum Schlittenfahren, dann ging's ab, entweder zum Seedamm oder zum Wannenbuckel. Wer noch ein paar ererbte Skier von den Geschwistern hatte, versuchte es dann auch damit und dabei genügte mir am Anfang der Weg hinter dem Haus, hinunter zur „Zigeunerinsel"[3]. Abends kamen wir frierend und total durchnässt aber glücklich nach Hause, es gab ja damals noch kein Goretex oder keine Ski-

*Après-Ski hinter dem Haus
Jörg Röser, Heidi Zierle, Rolf Lausmann
und Wolfgang Schneider*

kleidung wie heute. Meine Mutter strickte mir jedes Jahr einen dicken Skipulli und von meinem Bruder hatte ich eine ältere Trainingshose, die dann total durchnässt und steif gefroren war, wie meine Füße. Die Stiefel waren nicht wasserdicht, obwohl sie vorher gut eingewachst wurden. Meine Großmutter empfing

---

[2] Anfeuerhölzchen
[3] kindliche Bezeichnung für das Neubausiedlungsgebiet hinter unserem Haus

Heidi Gühring, geb. Zierle

mich dann oft mit einer Tasse heißer, selbst gemachter Schokolade und Hefekranz, den sie immer samstags beim Bäcker Kurrle in der Friedrichswahl[4] backen ließ. Er war einfach ein Gedicht!

Da fällt mir noch eine kleine Geschichte zum Thema gefrorene Kleidung ein. Meine Mutter hängte oft auch bei Minusgraden im Winter die gewaschene Unterwäsche zum Trocknen vor das Küchenfenster. Abends wurde diese total steif gefroren wieder abgehängt und dann auf den Küchentisch zum Auftauen gelegt. Das fand ich immer sehr lustig, vor allem die gefrorenen langen Unterhosen meines Vaters. Als sie eines Tages wieder einmal steif gefroren so auf dem Tisch lagen, habe ich die langen Beine einfach umgeknickt und meinem Vater damit neue kurze Unterhosen beschert. Die Freude meiner Mutter darüber war nicht sehr groß!

In der Vorweihnachtszeit drückten *Dorothee Hirzel* und ich uns die Nasen am Schaufenster vom Spielwaren Zimmermann in der Unterländerstraße platt. Das Schaufenster kam mir damals riesig groß vor und die drei bis vier Glaskugeln und das Lametta, die als einzige Dekoration im Schaufenster hingen, waren wunderschön. Ebenso schön war unser Weihnachtsbaum, den mein Vater und ich immer vormittags am Heiligen Abend besorgten und den er dann liebevoll schmückte. In meiner Erinnerung war er wunderschön und riesengroß, ebenso wie unsere herrlich duftende Weihnachtsgans, zu der am 1. Weihnachtstag die Verwandtschaft eingeladen war. Viele, viele Jahre später schauten mein Mann und ich einmal wieder alte Dias an, die mein Vater in den 50ern an Weihnachten aufgenommen hatte. Ich konnte es einfach nicht fassen – dieser (damals) wunderschöne Christbaum war wohl sehr groß, aber auch ebenso licht. Wie meine Mutter mit dieser Gans die ganze Familie und die Verwandt-

---

[4] Haltestelle der Linien 5 und 15, nahe der Gemarkungsgrenze Feuerbach/Zuffenhausen

schaft satt bekam, ist mir bis heute ein Rätsel. Meine Familie schmunzelt nun immer, wenn ich von früher und von Weihnachten erzähle.

Apropos kochen. In Nummer 56 wohnte neben uns im Parterre eine alte Dame mit zwei erwachsenen Töchtern. Sie lebten sehr zurückgezogen. Eine der Töchter war etwas verwirrt und wenn sie aus dem Küchenfenster schaute, fürchteten wir Kinder uns vor ihr. Wir fanden alles sehr merkwürdig – vor allem den beißenden Geruch, der ab und zu aus diesem Fenster kam. Irgendwann sagte eines von uns Kindern: „Die kochen sicher Schnecken". Warum wir darauf kamen, wissen wir bis heute nicht, aber der Gedanke daran war für uns einfach schaurig und eklig. Bei unserem Treffen erinnerten wir uns wieder daran und an den schrecklichen Geruch. Da erinnerte mich *Norbert Launer* daran, dass früher manche Leute Schneckensud als Hausmittel verwendet hatten. Ich konnte mir so etwas gar nicht vorstellen und so ging ich zu meiner Apothekerin und fragte nach. Ich lebe ja auf dem Lande und bekam auf meine Frage die folgende Antwort: „Ja, das hat man früher gemacht. Und zwar kochte man einen Sud aus roten oder schwarzen Nacktschnecken, der sehr gut gegen Husten war. Bis vor kurzem habe ich an ältere Leute noch Schneckensud verkauft, aber die Firma stellt ihn jetzt nicht mehr her, da sich die jungen Leute davor ekeln. Bestimmt war der Geruch beim Kochen nicht sehr angenehm." Also nur ein altes Hausmittel und nichts Schauriges – nur der Geruch!

An viel bessere Gerüche erinnern sich bestimmt auch noch viele ehemalige Mitbewohner und zwar an den Laden von Frau Peters in der Langobardenstraße. Da stand neben offenen Heringsfässchen auch Obst und Gemüse. In einem Glasschränkchen auf der Theke waren Pralinen, Schokolade und manchmal auch Dinge ausgestellt, die da nicht unbedingt dazu gehörten. Dieser Laden war einfach faszinierend und deshalb ging ich immer gerne mit meiner Oma zum Einkaufen dorthin,

Heidi Gühring, geb. Zierle

auch deshalb, weil es da auch immer etwas Süßes aus den großen Bonbongläsern für mich gab. Sehr stolz war ich, als ich dann später alleine über die „gefährliche" Ludwigsburger Straße gehen durfte, um für meine Mutter oder für Oma bei Frau Peters einzukaufen. Brausestäble waren dann manchmal die Belohnung dafür. Ein großer Vorteil bei Frau Peters war, dass man auch nach Ladenschluss die Hintertüre benutzen durfte. Man zwängte sich durch einen Gang aus Stapeln von Sprudel- oder Bierkästen bis man zum Laden vordrang.

Von vielen Kindern, die auf der anderen Seite der Ludwigsburger Straße wohnten, wurden wir beneidet, denn wir mussten als kleine Kinder keine Spielkameraden suchen, wir hatten sie ja alle zuhause und den Spielplatz noch dazu. Auch zur Schule war es nicht weit, nur über die Straße und schon waren wir da. Das kam mir sehr gelegen, denn als ich in die erste Klasse der Hohensteinschule kam, hatte ich große Probleme mit dem Stillsitzen und benützte gerne die 10 Uhr Pause, um nach Hause zu verschwinden. Am Anfang musste mich mein Opa fast täglich wieder in meine Klasse zurückbringen.

Erster Schultag von Heidi Zierle

Der legendäre Zierle-Goliath mit Heidi als Kühlerfigur

Durch die Freundschaft mit *Monika Otter* hat sich auch mein Leben verändert. Frau Otter stammt aus Nußdorf und sie hatte zusammen mit ihrem Mann ein Wochenendhäuschen am Rande des Dorfes. Monika war 2 Jahre älter als ich und verbrachte oft die Schulferien mit ihrer Familie in diesem Häuschen. Ich wurde auch einmal für eine Woche dorthin eingeladen. Wir hatten alle sehr viel Spaß miteinander und *Herr Otter* hatte mich dann gefragt, ob es mir hier gefalle. Darauf habe ich ihm geantwortet: „Ja, sehr und mein Vater sucht schon lange auch so ein Wochenendgrundstück". Da war ich 9 Jahre alt und kurze Zeit später konnte mein Vater dank *Herrn Otter* sein „Traumstückle" in Nußdorf erwerben.

Seither verbrachten meine Familie und ich jedes Wochenende und die Schulferien ziemlich abseits von Straßenlärm und städtischem Trubel, mitten in den ehemaligen Weinbergen. Viele Jahre fand ich dieses Leben überhaupt nicht lustig, denn meine Freunde machten die Tanzstunde und ich saß im Weinberg! Einige Jahre später haben mein Mann und ich die Vorteile des Landlebens wieder neu entdeckt und nun wohnen wir seit über 30 Jahren in Nußdorf, nicht weit weg von *Otters* Häusle, das noch unverändert dort steht.

Heidi Gühring, geb. Zierle

Der Block, das Höfle und die heranwachsende Jugend

von Wolfgang Leibfritz,
Jahrgang 1930, ehem. Haus Nr. 52

Im Folgenden handelt es sich nicht um irgendeinen beliebigen Block in einem beliebigen Ort an einer beliebigen Straße, sondern eben um **„den Block"**. Einer weiteren Bestimmung bedarf er nicht. Er verdankt noch heute seine Berühmtheit dem Standort, an dem er für alle von Stuttgart oder besser, von Feuerbach her Kommenden als erstes Haus am Platze in seinen Anfangsjahren die freie Stadt Zuffenhausen, danach den Stuttgarter Stadtteil Zuffenhausen als dessen erster selbstbewusster Hinweis ankündigte.

Südansicht unseres „Blocks"

Nicht nur für seine Bewohner war er auch deshalb immer mehr als die bloße Summe von fünf aneinander gebauten Häusern, vierzig Wohnungen, Küchen, Bädern und Wasserspülung. Für uns, die wir in bewegten Zeiten der 30iger und 40iger Jahre buchstäblich in seinen Mauern aufwuchsen, war es vor allem anderen das von den Gebäuden eingerahmte und schlicht „unser Hof" genannte und beherrschte Geviert, das viele Jahre, Kriegsjahre eingeschlossen, unsere Welt bedeutete. Er war unsere Adresse, in die wir die Straßenbahnhaltestelle Hohensteinstraße und das Ständle der Ida Kluth (mit Eis am Stiel für leider nur selten verfügbare 10 Pfennig) einbezogen. Hier begannen unsere zuerst zaghaften Abenteuerausflüge in den Rest der Welt und in seinem Schutz endeten sie wieder.

Zu diesem Rest gehörten auch die feldschützkontrollierten, unmittelbar hinter unserem Zaun beginnenden, umfriedeten Gärten, die Weinberge bis zum Wasserhäusle und das Libellen und Frösche hervorbringende Haidloch im Sommer und die für unseren schlittschuhgesteuerten Fünferschlitten wie geschaffene Krailenshalde im Winter. Das Gebiet von der jenseits des Grenzbächle gelegenen, zu Feuerbach gehörenden Friedrichswahl; der Bäcker Kurrle, der ungeachtet seines Feuerbächer Standorts ein unverdrossenes Mitglied des Zuffenhäuser Bäckergesangsvereins war,  der Durchlass unter den Bahngleisen bis zum Bahnhof und der Post und … und … und … und.

Wolfgang Leibfritz mit Freunden

Nicht zu vergessen die frühere Wörth-, heute Cheruskerstraße, zu der es nur ganz selten spannungsfreie Beziehungen gab.

Dazu gehörte als ganz besonderer Platz das vom Arbeitsdienst unter unseren fachmännischen Blicken kanalisierte Bett des Feuerbachs in seinem unterirdischen Verlauf zwischen Kelterplatz und alter Mühle. Wir hatten nämlich geglaubt, dort den Ort entdeckt zu haben, an dem wir ungestört mit „R6" und „Eckstein" das Zigarettenrauchen üben könnten, was gründlich daneben ging. Ein beklagenswerter Organisationsmangel hatte einen bis heute unaufgeklärten Hochverrat zur Folge, worauf sich leider manche Erziehungsberechtigten zu schmerzhaften, altdeutschen Erziehungsmaßnahmen hinreißen ließen.

Dass es trotzdem nicht zum Abbruch mancher Beziehungen in der in dringenden Tatverdacht geratenen Teile der Mädchenpopulation kam, hatte weniger chevareske als taktische Gründe. Als harmlos erscheinende Kundschafterinnen hatten sich Mädchen bei einigen Unternehmungen bereits als nützlich erwiesen, auch war ihre Teilname bei nicht geschlechtsgebundenen Ball- und Versteckspielen erwünscht. Solange sie die gegebene Hierarchie nicht grundsätzlich in Frage stellten, konnte ihnen trotz des Stachels des Vertrauensbruchs ein fairer Anteil am Hof und seinen Ressourcen wie Sandkästen oder mit Kreide bemalbaren und zur Aufstellung von Puppenbedarf geeigneten Flächen wie auch die Gelegenheit zu Aufführungen der fast ganzen deutschen Dramenliteratur in einem Theaterzelt für alle Zeiten zugestanden bleiben.

Es wird sich nach dieser Schilderung von Fakten niemand wundern, dass für wichtige Obliegenheiten des Hofes ein fester, sich immer wieder aus Nachwachsenden ergänzender Stamm männlichen Personals unerlässlich war. Das galt vor allem für Planung, Herstellung und Betrieb dringend benötigter Land- und Luftfahrzeuge aller Art, da solches Material in Form von nur wenigen Radelrutschen und Rollschuhen zur Verfügung stand und eine geschenkweise Vermehrung des Bestands nicht zu erwarten war. Um diesen Bedürfnissen zu genügen, bedurfte es weiterer Erkundungs- und Beschaffungsgänge, weil z. B. alte Kinderwagenräder mit Achse nur an wenigen entfernten Schrottplätzen vorhanden waren. Dagegen waren die Orte für Montage und Reparatur leicht zu finden. Für sie kamen nach unserer festen Überzeugung nur die Treppen an den hinteren Eingängen der Gebäude 54 bis 58 in Betracht. Sie wurden deshalb im Herbst zu Konstruktionsbüros für neuartige Papierdrachen. Von dort begab man sich in geschlossener Formation auf den Weg zur Zimmerei Wetzel zwecks Erwerbs von Drachenstäben. Auch wenn der Besuch der meist vielköpfigen Horde, die nichts als eine möglichst preiswerte Beschaffung von Drachenstäben der unterschiedlichsten Abmessungen im Sinn hatte, bei dem hagebüchenen Zimmermeister keine Begeisterung auslöste, kam es nach von beiden Seiten mit Leidenschaft geführten Preisverhandlungen in aller Regel zu beiderseits befriedigenden Geschäftabschlüssen über ein Umsatzvolumen von 30 Pfennig. Die meisten Drachen hauchten ihr kurzes Leben auf den hinter dem Block verlaufenden Freileitungen aus. Dem Vergnügen tat das keinen Abbruch, da wir es mit dem Genuss nur oberflächlich gereinigter Gelberüben[5] aus den Äckern der Gärtnerei Kunz zu verbinden wussten.

Diese alljährliche Inbesitznahme der hinteren Treppen durch lärmend, diskutierende Jungingenieure traf immer wieder auf entgegenstehende Bedürfnisse anderer Hausbewohner, wenn sie über die Aus- und Eingänge mit der Vorführung ihrer Ausgangsgarderobe den Neid einer breiteren Höföffentlichkeit zu erregen beabsichtigten, was mangels Publikums über die Aus- und Eingänge an der Ludwigsburger Straße nicht möglich gewesen wäre. Bei den jüngeren Herrn genügten dazu schon ein neuer Staubmantel, Schweinslederhandschuhe, weiße Sports-

---

[5] Karotten

mütze und Knickerbocker, während es bei den Damen schon der Seidenstrümpfe, Stöckelschuhe, Hut mit Federschmuck, im Winter ergänzt durch einen Fuchs- oder Waschbärpelz und dito Muff, bedurfte. Damit konnte den vor Einführung der Reichskleiderkarte geltenden Regeln entsprochen werden.

Infolge der ungleich stärkeren Frequentierung der hinteren Türen waren kleine Generationskonflikte unvermeidbar. Diese boten besondere Reize, weil man sie – ohne im Gang befindliche Technikkolloquien unterbrechen zu müssen – sowohl gezielt herbeiführen, als auch in bestimmte Richtungen lenken konnte. Davon wurde reger Gebrauch gemacht. Das gelangte manches Mal auch zur Kenntnis eifriger Ordnungshüter der Baugenossenschaft Zuffenhausen e.G. Sie, die ihre abgrundtiefen Zweifel an der Reinheit unserer höfischen Absichten nie ganz zu verbergen wussten, nahmen dies gerne zum Anlass, uns an ihre schwere Aufgabe und an unsere Pflicht zu erinnern, mit genossenschaftlichem Eigentum besonders schonend umzugehen. Dass es nie zu ernsthaften Auseinandersetzungen kam, beruhte wohl darauf, dass wir seit unserem missglückten Raucherkollegium im Feuerbachtunnel die grundsätzliche Schwäche unserer Position in einem Streit mit Erwachsenen richtig einzuschätzen gelernt hatten. Wie man sieht: Cleverness gab es im Lande schon lange vor dem Ministerpräsidenten[6] gleichen Namens.

Ihren besonderen Ruf als Ort technischer Bildung verdankten die schon mehrfach erwähnten Treppen indessen nicht so sehr der Drachenherstellung, als vielmehr ihrer sich jedermann aufdrängenden Eignung für die Pflege des Kultgegenstands Fahrrad. Fahrräder waren seltene Güter und Ausweis sozialer Gerechtigkeit, die dadurch definiert war, dass Fahrräder nur für die Inhaber fester Arbeitsplätze, z. B. für Lehrlinge, erschwinglich sein brauchten. Fahrradbesitzer, diese bei uns nicht seltene

---

[6] Lothar Späth, genannt „Cleverle"

Spezies, genossen deshalb höchstes Ansehen, das sie noch zu steigern verstanden, indem sie ihre Räder in einer den Prärieindianern nachempfundenen und uns umso mehr beeindruckenden Weise jeden Samstag einem Reinigungsritual unterzogen. Es bestand aus der kompletten Demontage des Rades bis zum letzten Kugellager, der Reinigung und Schmierung aller Einzelteile und dem fachmännischen Wiederaufbau. Wasser wurde wegen der von ihm ausgehenden Rostgefahr niemals verwendet. Die Reinigung der Kette mit Hilfe von fett- und schmutzlösendem Spiritus und Zahnbürste war verpönt; der Verbrauch großer Mengen von Konsistenzfett dagegen unerlässlich.

Das Objekt der Begierde und Kultgegenstand Nummer eins: Das Fahrrad

Dieses Ritual, das unter Ausschluss der noch nicht Rad fahrenden Kleinkinder stattfand, wurde traditionsgemäß niemals woanders als auf den Treppen begangen. Uns jüngeren, zwar schon radfahrtauglichen, aber fahrradlosen Gesellen kam anfänglich nur die Rolle des stillen Werkzeughalters zu. Unser Interesse führte jedoch zu raschen Lernerfolgen. Es wurde deshalb bald zur Regel, die Reinigungsorgien durch Mitnahme der verdienten Hilfskraft auf dem Gepäckträger bei anschließenden Probefahrten, die gelegentlich zum Verdruss der Hausfrauen zwischen der zum Trocknen aufgehängten Wäsche stattfanden. Bei längerer erfolgreicher Zusammenarbeit konnte sogar eine feste Fahrgemeinschaft mit künstlerischem Ehrgeiz zu Voltigierdarbietungen bei Höchstgeschwindigkeit und hoher Gefahrenneigung entstehen. Letzteres suchten wir durch die Montage so genannter Altherrenaufstiege zu begegnen. Die Sorge um die Fahrsicherheit wurde dann sehr schnell und auf autoritäre Weise von uns genommen, als sich die Fahrgemeinschaften infolge der Einberufungen der Fahrradbesitzer zu Arbeitsdienst oder Militär ersatzlos auflösten. Von den Gemeinschaftsidealen blieb übrig, dass hin und wieder die Mutter eines dienstlich Abwesenden auf inständiges Bitten des Voltigeurs und gegen das Versprechen, das Rad in makellosem, gereinigten Zustand zurück zu bringen, ihm den Gegenstand seiner Begierde für ein paar Stunden überließ und damit, ohne es zu ahnen, einer verlassenen Hofpopulation eine kurze Zeit der Glückseligkeit schenkte.

Ein Zufall, der mir einen uralten Fahrradrahmen samt irreparablem Tretlager, aber intakter Gabel und Felgen bescherte, der Umstand, dass in der Stuttgarter Innenstadt noch ein Fahrradgeschäft existierte, das Einzelteile ohne Eisenbezugschein feil bot und die Bereitschaft meiner bei uns wohnenden Großmutter, dort nach meinen Vorgaben einzukaufen, wann immer sie per Straßenbahn „in die Stadt" fuhr, sah zunächst nach einem Glücksfall aus, zumal sich gleich ein passendes Tretlager in Ulm hatte finden lassen. Da endeten die großmütterlichen Stuttgartausflüge abrupt, als der seidene bodenlange Ausgangsrock der Großmutter mit einem auf der Straße herum liegenden Rest einer Phosphorbombe in Berührung kam und prompt in Flammen aufging. Sie kam dann ohne den an Ort und Stelle geistesgegenwärtig abgeschnittenen Rocksaum, aber sonst unbeschädigt nach Hause. Ihr Interesse, mit eigenen Augen zu sehen, was der Krieg ihrem geliebten Stuttgart angetan hatte, erst recht ihr Interesse am Erwerb von Fahrradteilen war gänzlich erloschen. Ihren Zorn und ihre Erbitterung über englische Bomberpiloten, deutsche Braunhemdträger und anderes von ihr als übles Gesindel erkanntes Volk wurde sie jedoch Zeit ihres Lebens nicht mehr los.

Zum Gesindel gehörten für die Großmutter ab Mai 1945 auch zwei französische Soldaten, die gegen ihren fast 1,57 Meter hohen Widerstand einen Ledersessel requirierten, ohne dazu nach ihrer Ansicht ein Recht zu haben oder ihren Bedarf wenigstens in angemessener Weise und in deutscher Sprache begründen zu wollen.

Etwas, das wie ein Fahrrad aussah, kam gleichwohl 1943 noch zustande. Sein Gebrauchswert freilich war gleich null, weil nirgendwo mehr die passende Bereifung aufgetrieben werden konnte. So wurde halt, wie so vieles in dieser Zeit, auch der Jugendtraum vom Fahrrad zu Grabe getragen. Seit der Demolierung des Hauses Nr. 60 durch eine Fliegerbombe gab es auch für uns unversehens Wichtigeres.

Beim Einschlag der Sprengbombe, der mitten in der Nacht erfolgte, ein großes Stück des Gebäudes wegriss oder unbewohnbar machte, aber keine Personenschäden verursachte, saßen die Blockbewohner in den Luftschutzkellern. Dort zitterten die Wände, erlosch das Licht und fiel der Putz von den Decken. Als meine Mutter und Luftschutzwartin im Keller des Hauses 52 den Bombeneinschlag verkündete, waren wir Kinder schon längst im Hof, um dort nach dem Rechten zu sehen. Da kein Feuer entstanden war und in der Nacht nicht viel ausgerichtet werden konnte, ging die Hausgemeinschaft nach der Entwarnungssirene, ausgenommen die unmittelbar Betroffenen, ins Bett. Auch wir zogen uns mit den Resten der uns verbliebenen Kaltschnäuzigkeit dorthin zurück, um bei grauendem Morgen, statt einen Schulbesuch ins Auge zu fassen, unsere Dienste bei der Trümmerbeseitigung, dem Sammeln kiloschwerer Bombensplitter, brauchbar erscheinenden Hausrats, Botengänge und dergleichen anzubieten. Noch konnte niemand ahnen, dass dies einmal unsere Hauptbeschäftigung werden sollte.

Unser Hauptaugenmerk richtete sich schnell darauf, dass ein in der Einfahrt seit seiner Stilllegung bei Kriegsanfang aufgebocktes Auto der Marke NSU-Fiat zwar mit einer dicken Schicht von Staub und Schutt bedeckt, aber sonst ganz unbeschädigt geblieben war und dass unter den vielen beschädigten Möbeln, die von ihren Besitzern aufgegeben waren, sich auch ein verdrecktes Grammophon mit wenigstens noch einer unbeschädigten Schellack-Schallplatte fand. Nach einer der Höflichkeit geschuldeten Frist stellten wir fest, dass die Leistungen des Geräts höchsten Ansprüchen nicht mehr genügten, wohl aber unser Unterhaltungsbedürfnis zu befriedigen vermochten, das sich in den folgenden Tagen beim Aus- und Einglasen von Fenstern mit großer Wahrscheinlichkeit einstellen würde. So geschah es: es gab in jenen Tagen wohl nirgends auf der Welt einen Ort, wo der „Soldat am Wolgastrand" und das Lied vom „armen Gigolo", der als Husar, „goldverschnürt sogar" öfter und lauter einer zunehmend genervten Nachbarschaft zu Gehör gebracht wurde. Während wir uns mit Hilfe des reichlich vorhandenen Fensterglases und Glaserkitts binnen Stunden zu Hilfsglasern ausbildeten, stellte sich heraus, dass Grammophon und Platte unseren hohen Anforderungen nicht gewachsen waren. Der Konzertbetrieb musste eingestellt werden. Damit brauchte auch die offene Frage, ob vielleicht das Lied vom armen Gigolo zur Verächtlichmachung des Wehrstandes und zur Zersetzung der Wehrkraft geeignet sei, nicht mehr geklärt werden. Auch die Glaserriege schied damals als Interessent von Musik jeder Art aus, weil das unmittelbar vor uns stehende Abenteuer der Evakuierung unsere Kräfte zu absorbieren begann.

Kurt Metzger, gefallen

Im Dezember 1943 überließen wir Block und Hof dem Schicksal und setzten uns per Eisenbahn in das unbekannte Aalen ab. Dort platzten die ersten Fensterscheiben erst im März 1945. Fensterglas und Glaserkitt waren allerdings nicht mehr erhältlich.

Nach Kriegsende stellten wir fest, dass die Blessuren, die der Block im Krieg erhalten hatte, seine Substanz nicht hatten erschüttern können. Doch die meisten unserer älteren Freunde, Lehrlinge und Fahrradbesitzer kamen aus dem Krieg nicht mehr zurück: *Helmut Seeger, Albert Zierle, Ernst Knoblich, Kurt Find* und *Kurt Metzger.*

Unsere Kindheit und Jugend waren vorbei. Da gab es noch eine letzte, daran anknüpfende Unternehmung, die beschlossen wurde, als wir in Erfahrung gebracht hatten, dass weit hinten im Feuerbacher Tal zwischen Botnang und Feuerbach eine Anzahl von bombengeschädigten Kiefern als Brennholz zum Fällen freigegeben worden sei. Dazu fanden wir die Unterstützung des Vaters von *Jenny Schneider,* über die wir froh waren, erschöpfte sich doch unser handwerklich-technisches Know-how nach wie vor in Fahrradreparaturen und Fensterverglasungen. Dass wir in der Zwischenzeit auch in allerhand Schießtechniken ausgebildet waren, half nicht so richtig weiter. Mit geliehenem Werkzeug und Handwagen, aber ungebrochenem Vertrauen in sein Improvisationsvermögen zog etwa eine Woche lang täglich ein kleines Holzfällerkommando ins Feuerbacher Tal, wo dann trotz unzureichender Verpflegung die Grundlage für ein einigermaßen warmes Wohnzimmer im Winter gelegt wurde. Wir fällten haushohe Kiefern, sägten sie in meterlange Stücke und stapelten sie an einem zugänglichen Ort. Alles Handarbeit! Irgendwann konnten wir dann den Holztransport nach Zuffenhausen organisieren, wo die maßgerechten Stücke im Hof – wo auch sonst? – zum Trocknen gelagert wurden. Heute hielte man es wohl für etwas Besonderes: nicht ein einziges Holzscheit wurde geklaut! Der Block als moralische Anstalt? Voilà!

Der „Beamtenblock": Wohnkomfort für die Älteren, ein Abenteuerspielplatz für die kreativen Jungen

Gedanken zur Jugendzeit im Baugenossenschaftshaus Ludwigsburger Straße

von Albert Zierle
Jahrgang 1941, ehem. Haus Nr. 56

Das Genossenschaftshaus in der Ludwigsburger Straße 52-60 in Stuttgart-Zuffenhausen

Beginnen möchte ich mit einer kurzen Biographie meiner Familie ab 1927 bis 1950. Geboren wurde ich am 16.07.1941 während eines Fliegerangriffes im Keller des Bethesdakrankenhauses in Stuttgart. Meine Eltern wohnten zu dieser Zeit in der Ludwigsburger Straße 188, Ecke Zabergäustraße.

Großvater war Volksschullehrer und hatte während seiner Wanderjahre – diese waren Voraussetzung, um dann an einem bestimmten Schulort sesshaft werden zu können – in Eningen bei Reutlingen die Handwerkertochter Maria Lenz kennen gelernt. Aus Erzählungen meiner Großmutter war ganz deutlich zu entnehmen, dass damals die selbständigen Handwerker auf der gleichen Ebene „wie's Herr Apothekers und's Herr Oberförsters" zu den Honoratioren einer Gemeinde gehörten, Arbeiter aus der Fabrik hat man eben zur Kenntnis genommen. Nach der Heirat war dann also „'s Lenza Mariele" nun „Frau Lehrer"! Dieser Standesdünkel hat meine Großmutter, solange ich sie kannte, begleitet. Meinen Großvater hat dieses Verhalten aber nie beeindruckt, er war der Sohn eines Steinbruchbesitzers aus Talheim bei Heilbronn und war mit acht anderen Geschwistern aufgewachsen.

1927 ist dann der Volkschullehrer Albert Zierle mit seiner Frau und den beiden Söhnen, Albert und Walter, an der Silcherschule in Zuffenhausen „ständig" geworden! Dadurch hatte die Familie die Möglichkeit, Mitglied in der Baugenossenschaft Zuffenhausen zu werden und eine Mietwohnung im „Beamtenblock" Ludwigsburger Straße 56, 4. Stock vier Zimmer mit Balkon, zu erhalten. Oma war nun ab sofort im städtischen Zuffenhausen nicht mehr „Frau Lehrer" sondern nur noch Frau Zierle! Opa wurde zum angesehenen und geachteten Pädagogen, Albvereinsvorstand, Naturfreund und Chorleiter.

Dann kam der Zweite Weltkrieg. Mein Vater *Walter* hatte inzwischen eine Schülerin des Großvaters geheiratet, Frida Hagemann, welche immer für meine Oma einkaufen musste. 1941 wurde ich dann geboren, getauft – wie sollte es auch damals anders sein – auf den Namen *Siegfried Manfred Zierle.* 1942 fiel der Bruder meines Vaters, *Albert*, in Russland. Für die Großeltern, besonders für die Großmutter, war dies, solange ich zurückdenken

Die Ludwigsburger Straße,
Blick vom Balkon meiner Großeltern

Albert Zierle

kann, ein schmerzlicher Verlust. Deshalb bin ich dann 1942 umgetauft worden und darf mich seither mit *Siegfried Manfred Albert Zierle* ausweisen.

Der Krieg bescherte der Familie einige Veränderungen. Opa's Silcherschule war ein Trümmerberg, Vaters Firma Bosch in Feuerbach war auch nicht besser dran. Opas Schulklassen wurden auf's Land, in ein Dorf bei Blaufelden „verschickt" und Vaters Konstruktionsbüro nach Crailsheim verlagert. 1947 wurde meine Schwester *Heidi* in Schrozberg geboren und für mich begann der Ernst des Lebens, das erste Grundschuljahr.

Wenn ich heute meinen Kindern und Enkeln erzähle, dass ich einen Schulweg, täglich vier Kilometer zu Fuß durch Wiesen und Felder im Sommer und bei ca. 40 cm Schnee im Winter zu gehen hatte, können sie dies überhaupt nicht verstehen. Gab es denn keinen Bus? Dennoch möchte ich diese Zeit nicht vergessen.

1950 war das „Landleben" zu Ende, meine Familie kehrte wieder zurück in die Ludwigsburger Straße 56. Unser Vater hatte wieder einen festen Arbeitsplatz, die Dreizimmer Wohnung im Erdgeschoss war für mich völlig neu, denn es gab ein beheiztes Bad, ein heizbares Wohnzimmer mit zwei Türen, ein WC, eine Wohnküche und eine Speisekammer („d' Speis"), also alles familiengerecht mit einem bürgerlichen Komfort, selbst für heutige Begriffe.

Vor dem Keller hatte ich jedoch immer etwas „Schiss"! Denn er bestand oder besteht noch heute aus einem Lattenverschlag für jede Wohnung, dem Holzstall, und dem noch etwas tiefer gelegenen gewölbten Kartoffelkeller,

Sylvesterbowle bei Familie Zierle

welcher vom Kellergang durch eine Luftschutztüre zu erreichen war. Eine Waschküche, nutzbar für alle Hausbewohner, war ebenfalls eingerichtet. Die Beleuchtung bestand aus ein paar 15-Watt Glühbirnen, welche von jeder Wohnung freigeschaltet werden konnten. Dort unten im Keller war es immer dunkel und gespenstisch.

Viel freundlicher dagegen war für uns Kinder der Hof an der Rückseite des Wohnblocks! Dieser Hof war unser Treffpunkt, Kommunikationsort, Spielplatz, Zeltplatz, einfach alles was man sich als Kind für die Freizeitgestaltung wünschen konnte.

Axel und Peter Schmid, mein Konterfei und meine Schwester Heidi mit ihren „eleganten" Wollstrümpfen, unser Birnenbaum im Hintergrund, die Wiese nebenan und dem den Hosenboden zerfetzenden Stacheldrahtzaun.

Zur bildlichen Vorstellung einige Merkmale: Der Hof hatte eine geschotterte Durchfahrt für die „Schlauchartillerie", dem Fäkalientanker der Stadtreinigung, welcher vierteljährlich die Abwassergruben leerte. Einen Abwasseranschluss gab es noch nicht. Die Leerung war übrigens für uns immer hochinteressant, weil wir den Grubeninhalt zum Teil personenbezogen definierten.

Dann waren da die Wäschetrockenplätze mit Teppichklopfstangen und dazwischen die Rasenflächen. An das Genossenschaftsgrundstück angrenzend lag eine riesige Streuobstwiese. Obwohl belegt mit Einschränkungen durch die Apfelbaumeigentümer, war sie dennoch für uns nutzbar. Dieser Abenteuerspielplatz war unser Eigentum.

Welche Spiel- und Freizeitgestaltung hatten wir?
Also: Fangerles, Räuber und Bolle, drei Scheitle[7], Völkerball, Fußball und später dann Federball, Zelten mit Pfannkuchen backen. Mitspieler, Jungen oder Mädchen, waren ja immer da. Natürlich kannten wir noch spezielle Spiele, wie z. B. Hausbewohner etwas ärgern und sonstigen Blödsinn. Hier möchte ich aber ganz bewusst – im Vergleich zum heutigen Jugendblödsinn – anmerken: Kriminell oder Schaden verursachend waren wir nicht!

Räuber und Bolle spielen konnte sehr lange dauern, im Sommer bis in die Dunkelheit, da es nämlich Verstecke gab, welche nur Eingeweihten bekannt waren, beispielsweise *Familie Schmids* Holzstall. Wenn *Peter* dabei war, hatten wir Zugang zu diesem nahrhaften Versteck, denn sein Vater hatte dort über den „Handel" eine Blechkiste mit *Libbys* Dosenmilch deponiert. Zum Öffnen der Dosen benutzten wir Nagel und Hammer und so konnten wir dann länger ausharren als die anderen Mitspieler. Natürlich wurden die leeren Dosen mit den noch vollen vermischt und erst Jahre später hat sich dann *Vater Schmid* über den Schwund seines Kaffeezusatzes gewundert.

Familie Schmid war auch ein Teil unserer Höfleswelt. *Herr Schmid* war Hafnermeister, heute würde er den Heizungsbauern zugeordnet werden. Er benutzte zu seiner Tätigkeit einen Dreirad-Pritschenwagen mit Fahrerkabine. Dieses Fahrzeug hatte die Eigenart, dass, wenn beim Wenden die Lenkung zu sehr eingeschlagen wurde, das Fahrzeug zur Seite kippte und danach unter großem Kraftaufwand wieder aufgestellt werden musste. Dieser Wagen brachte unseren Familien aber auch Kirschen,

---
[7] Holzscheit

denn *Familie Schmid* hatte einen Garten in Fellbach. Wenn das Dreirad am „Querbau" einfuhr, war Markttag, denn so, wie man heute im Supermarkt Kirschen kaufen kann, war dies damals beim Tante-Emma-Laden Köhler oder bei Peters nicht möglich.

Gelegentlich waren wir Kinder natürlich auch bei unseren Spielen sehr laut. Dies war für *Herrn Schäfer* und *Herrn Morasch* dann immer ein Grund uns zurechtzuweisen. Also verfolgte uns *Herr Morasch* mit dem Kehrbesen! Wir flüchteten durch den Hintereingang durchs Erdgeschoss und verließen das Haus wieder durch den Vordereingang zur Ludwigsburger Straße. *Herr Schäfer* sah hier eine Gelegenheit uns zu fangen, rannte die Treppe vom ersten Stock zum Hintereingang, in der Meinung, die Bande zu stellen. Doch dort lauerte *Herr Morasch* samt Besen, mit der gleichen Absicht. *Herr Schäfer* öffnete ruckartig die Türe und *Herr Morasch* schlug zu. Die beiden Herren waren gleichermaßen geschockt und machten sich gegenseitig Vorhaltungen zur Situation. *Herr Schäfer* hatte eine blank rasierte Glatze, welche, wie ich erst Tage später sehen konnte, denn ich hatte ihn wohl wissend gemieden, eine dunkle Verfärbung zierte.

Gelegentlich haben *Axel* und *Peter Schmid* ihr Zelt auf einer der Grünflächen aufgestellt. Dieses Zelt war ein amerikanisches Militärzelt bestehend aus zwei Dachhälften ohne Boden, jedoch mit verschließbaren Kopfenden, welche eine Rolle bei der Belegung des Zeltes gespielt haben. Nur „Privilegierten" war der Zutritt erlaubt. Was spielte sich im Zelt ab? Es wurden Spiele, anständige, gemacht und vor allem Pfannkuchen gebacken. Als Brennstelle diente ein zusammenklappbarer „Esbitkocher" mit Trockenspiritus in der Größe einer Zigarrenkiste. Die kleinen Pfannkuchen waren dann gelegentlich mit Gras oder Erdresten gewürzt, da beim Hochwerfen und Wenden die Flugbahn nicht vorhersehbar war, aber geschmeckt haben die Pfannkuchen trotzdem immer.

Heidi und Albert Zierle

Natürlich waren wir Buben auch an der Technik interessiert, während die Mädchen mit Puppen und Kinderwagen oder mit Sticken beschäftigt waren. So haben *Klaus Dobler* und ich entschieden, dass wir in die Telekommunikation einsteigen. Als erstes versuchten wir uns an einem stromlosen Radio, einem Kristalldetektor, laut Lexikon ist dies ein Apparat zur Hörbarmachung hochfrequenter Schwingungen! Dieser bestand bei uns aus einer Zigarrenkiste, einer Kupferdrahtspule und zwei Steckbuchsen zum Anschluss des Kopfhörers, Baujahr 1908. Das Kernstück war jedoch der Detektor. Dieser bestand aus einem Glasröhrchen, an dessen Enden einerseits ein Bergkristall und andererseits ein bewegliches Federdrahtstück angebracht waren. Nun war Fingerfertigkeit gefragt, denn man musste den Federdraht genau auf einen bestimmten Punkt des Kristalls fixieren und wenn ja, dann war im Kopfhörer, oh Wunder, Radio Stuttgart zu hören.

Wehe, man hatte die Zigarrenschachtel unsanft berührt, dann war alles umsonst und der „Sendersuchlauf" musste neu gestartet werden. Klaus und ich wollten uns aber auch noch nach Feierabend unterhalten, also wurde eine Telefonverbindung geplant, aber wie realisieren und mit welchen Mitteln? Das Telefon mit einer gespannten Schnur und an den Enden je eine Konservendose funktionierte aus Gründen der Entfernung zwischen den Wohnungen *Zierle* im Erdgeschoss und *Dobler* im 1. Obergeschoss nicht. Nun begannen unsere Recherchen zu diesem Vorhaben. Alle technisch und physikalisch begabten Familienmitglieder wurden „gelöchert", die einen meinten dieses und die anderen wussten jenes. Die gesammelten Informationen haben wir ausgewertet und dann ausgeführt. Es wurden entlang der Hauswand von Speiskammer zu Speiskammer Drähte gezogen, an den Wäschehaken festgemacht, Telefonbuchsen gelötet, Kopfhörer umgebaut, Batterien angeschlossen. Probelauf! Alles war still! Dann der Verzweiflungsruf durchs Höfle: „Klaus hörst du mich?" Antwort: „Nein … !!" Den Rest bis zum ersehnten Erfolg hat mein bester Freund *Klaus* in seinen Gedanken zum Höfle niedergeschrieben.

So könnte man noch einige Seiten weitererzählen, wie z. B. *Norbert Launer*, der schon damals ein Spielzeugauto hatte, welches ohne Elektronik auf Zuruf bestimmte Funktionen ausführte. Dann das erste Fahrrad von *Gerhard Pfisterer*, oder unsere selbst entworfene und gebaute Rennbahn für Modellrennwagen unterm Gaishirtlesbaum[8]. Wir waren eigentlich immer kreativ, Langeweile kannten wir nicht. Am Sonntagnachmittag wurden in den Speisekammern meistens zeitgleich in den verschiedenen Wohnungen die handbetriebenen Kaffeemühlen gedreht, dann war Ruhezeit. Aber danach kam Federball mit mehreren Mannschaften, manchmal sogar mit den Eltern.

Alle Jahre wieder wurde an Weihnachten eine neue Eisenbahnanlage aufgebaut

---

[8] Mostbirnenbaum

Im Rückblick nach 60 Jahren kann man feststellen, dass wir Kinder aus dem Höfle eine unbeschwerte Kindheit hatten. Wir konnten uns entfalten, spielen, „räubern und wir waren glücklich mit dem, was wir hatten. Jedes der Kinder hat zu dieser Gemeinschaft gehört und seinen Teil dazu beigetragen!

Albert Zierles Eisenbahn mit gemaltem Hintergrund, hand made

Ein Höflebewohner wird zum „Kaibe-Schwob" und halben Schwyzer

oder: Also Wosch'es ....,
eine Erzählung über unseren – „Hinter"-Hof

von Norbert W. Launer
Jahrgang 1941, ehem. Haus Nr. 56

Gestatten: *Launer, Norbert W. Launer,* das **W**[we]-Punkt steht bei mir nicht erst seit George **W.** Busch, sondern schon viel früher als bei ihm. Früher wohnten wir in der „56", heute etwas weiter weg davon ...

Norbert W. Launer am 6. 2. 1944

Gestern hat *Heidi Gühring* (geb. Zierle) angerufen. Immer wieder mal hatte sie sich im letzten Jahr bei mir gemeldet. Wir sprachen über uns und das Vorhaben „Höflebuch". Und sie wollte, dass auch ich etwas aus meiner Erinnerung und über die schöne Zeit in Zuffenhausen niederschreibe. So recht wollte mir das aber nicht aus der Feder und da war ja auch nicht viel ... außer ...

Das Kasperle

Erst neulich wurden ARD und ZDF aus den terrestrischen Ausstrahlungen der Fernsehsendeanstalten herausgenommen. Schon seit einiger Zeit hatte man uns im südlichen Südwesten ja auch „unseren" geliebten Österreichischen ORF und dann auch noch das Schweizer SF geklaut. Also musste ich, der Not gehorchend nicht dem inneren Triebe, einen „digitalen" Ausweg suchen und zudem eine Blitzschutzleiste im Dach einbauen.

Gesagt getan fuhr ich nach Singen Hohentwiel und kaufte so ein Ding. Zu Hause angekommen, musste dieses sofort installiert werden. Also rauf ins Obergeschoß und die Dacheinschubtreppe zum „Oberten"[9] hinauf. Jetzt muss man sich diesen Ort nicht so geräumig und so hoch vorstellen wie der in der Ludwigsburger Straße, auch nicht so bequem über die Haustreppe und das Treppenpodest zu erreichen. Bei uns ist das alles etliche Nummern kleiner, unbequemer und düsterer. Wenn man also dort im Oberten (oder in der Spitzlaube) etwas unterstellt bleibt es da oben für lange Zeit, unbeachtet, verstaubt und vor allem vergessen.

„Was machst Du da oben?" fragt mich meine-Eine durch das Treppenloch. „Ich bau den Blitzschutz ein". Sie: „Komm aber bald wieder runter, ich hab' Dorscht".

Das Wort „Dorscht" ist für uns das übliche Wort für „gemeinsam Pause machen". Aber heute war das eben anders. „Was ist denn das für ein Kruscht, schmeiß doch endlich den ganzen Krempel hier raus, ich will das Dach leer haben". Sie: „Der (*gemeint: der Kruscht*) ist nicht von mir! Was ist es denn … ?" Scheinheilige Frage, dachte ich. „Es ist der alte Kaufladen von Tobias und noch so ein Gestell. Verschenk das Zeug, sonst mach ich Feuerholz draus. Hinter[10] mir wird es sowieso verbrannt". Sie: „Den Kaufladen geben wir der Nachbarin für das Kinderheim."

Ich packte also den Torso von Kaufladen und zog dahinter eine Platte mit viereckigem Ausschnitt und mit Seitenteilen heraus. „Was ist denn das da . . . ??" Hübsch bemalt stand da ein leicht in die Jahre gekommenes Kasperletheater vor mir; ich hatte seine Noch-Existenz längst vergessen. „Komm mal rauf und kuck". Sie: „Tri – tra – trallala … und die Figuren sind auch noch da, aber in *meiner* alten Wohnung, ätsch ……… Das Kasperle

---

[9] Oberten = „der Dachboden" oder „die Bühne" auf badisch
[10] elegante Bezeichnung für den Zeitzustand nach Abgabe des Löffels

schenken wir dem Kindergarten im Dorf, die Kinder freuen sich und er ist gut versorgt ....." und verschwand wieder nach unten mit den Worten: „Ich hab' Dorscht".

Ich setzte mich auf eine der oben beschriebenen Zangen und es lief mir irgendwie kalt über den Rücken und mir fiel plötzlich der alte Reimevers ein:
>„Tri – tra – Trallala ...
>Tri – tra – Trallala ...
>der *Walter Euchner*, der ist wieder da."

Und plötzlich waren die Erinnerungen an die Ludwigsburger Straße und unser Höfle wieder wach. Das heute aufklappbare Papptheater war damals 2 Stühle, die Lehnen nach vorne gestellt und mit einer alten, braunen Decke über den Lehnen. Tri – tra – trallala spielte entweder vor dem Küchenfenster von *Familie Schmid* oder vor deren Souterrainfenster, dem vergitterten, auf dem gepflasterten Plätzle, unten. Wir, die damals kleineren Kinder, saßen und lauschten und freuten uns riesig, wenn der Kasper dem Krokodil mächtig eins auf die Mütze gab.

Und da war ein weiteres Bild. Der *Vater Schmid*, der Eishockeytrainer und Hafnermeister, besaß als einziger Zement, er brauchte ihn für seine Öfen. Wir Jungs bauten damals mit *Peter* und *Axel Schmid* eine „babylonische" Rennbahn aus mit Zement verfestigtem Sand vor dem Schlafzimmerfenster der *Familie Nieden*. Wie der sprichwörtliche dortige Turmbau wurde auch sie immer größer, täglich länger bis fast das ganze „Bückele" hinunter, am Birnenbaum vorbei bis zum Wiesengrundstück des Nachbarn. Oh Freude, *Papa Schmid* besorgte auch noch 2 Rennautos, Schuco, silbrig, damals sündhaft teuer, aber sau-schnell ..... pardon.

Es fiel mir dort oben im Dach auch noch manch anderes Bemerkenswertes und Kurioses ein. *Pfisterer* neben *Pfisterer*, „Eier" neben „Schuhen" und bei *Steimles* soll es angeblich zum Essen öfter Schnecken gegeben haben. Man glaubte es zu riechen. „Und der *Otto Schäfer* unter uns „ist ein ganz gefährlicher Mann", er arbeitet bei der Kripo und nimmt uns alle mit, wenn wir was Dummes anstellen." Das alles war natürlich kindlich erdachter Blödsinn. Aber der Straßenpolizist, der alle zwei Stunden in seiner blauen Uniform und mit stark nach vorne orientiertem, rundlichem Bauch gemütlich die Ludwigsburger Straße hinauf und hinunter spazierte, den kannten wir alle und keiner hatte Angst vor ihm und keiner rief „Bulle" oder solche Sachen. Wir Kinder saßen auf den Absperrstangen zwischen Gehweg und Radweg entlang der Ludwigsburger Straße und sagten „Guten Tag Herr Bollezischt" und er lächelte gemütlich zurück. Und die Schaffnerin der Straßenbahn Linie 5 in ihrer dunkelgrauen Uniform kannten wir doch alle, war das nicht die … verdammt ich komm nicht auf den Namen[11], eine *Schäfer*-Tochter, ich mochte sie sehr. Ich sollte Frau Gommlich noch mal nach dem Namen[12] fragen. Und vor *„Schneider"* wohnten dort in der Wohnung die Familie Binder, die später in Neuhausen Fildern gebaut hat. Die Stumpen des Seniors rieche ich heute noch.

In der Zeit meiner Erinnerung gab es oft heftige Gewitter über Zuffenhausen, scheinbar unverrückbar festsitzend zwischen Mönchsberg und der Bahnlinie hinter der Silcherschule. Der Strom fiel dann meist für lange Zeit aus und alle Familien hatten Kerzen für diesen Fall parat. Zwei Frauen in unserem Haus hatten grässliche Angst vor den zuckenden Blitzen und dem fürchterlichen Grollen in der nach Ozon riechenden Luft. Wie auf ein Zeichen gingen die Wohnungstüren in solchen Nächten – komisch die Gewitter waren immer mitten in der Nacht – gingen also die Wohnungstüren auf und *Frau Schneider* und meine Mutter trafen sich, mit Hauswirtschaftsschürzen bekleidet (Verabredung?), im Treppenhaus, Kerzen in der Hand und Schnei-

---

[11] Gertrud Lohmann
[12] Schäfers Kinder: Otto Schäfer, Erika Gommlich, Jule …, Liese Roux

ders Hund Micky, der kleine echte Pekinese, musste natürlich dabei sein. Wir Kinder (*Jenny, Ingrid* und ich) saßen dann oft auf dem unteren Podest der Treppe. Das feststehende Fenster war dort groß und man konnte herrlich nach draußen schauen und den Blitzen zuschauen, das kleine Fensterchen in der Mitte war geöffnet, damit frische Luft herein konnte. Bald danach kam dann eine ältere Dame mit graumeliertem und einem am Hinterkopf zu einem festen Knoten gebundenen Haar hinzu, Frau Zierle sen. Und bald schaute dann Frau *Künzel* herunter und *Schäfers* waren nicht weit. So traf sich die ganze Hausgemeinschaft von der „56" im Treppenhaus, mehr oder weniger ängstlich, manchmal frierend, manchmal mit gefüllten Kaffeetassen bewaffnet und plappernd. Kurios war das schon.

Die gestohlene Kindheit

Aber nicht nur freudige Erinnerungen tauchen bei mir auf. Ich denke an ein Erlebnis, das mir noch heute nachdrücklich im Gedächtnis geblieben ist. In der Glasvitrine in meinem Büro steht neben dem von meiner Mutter selbst gebastelten Spielzeugelefanten und einem Teddybären mit Hose aus einem Militärunterhemd von damals ein kleiner, roter Eimer. Auf ihm steht in runenhaften Buchstaben, gemalt mit weißer Farbe, mein Vorname. Der Eimer wurde gefertigt aus dem unteren Teil einer Kartusche einer Granate, ein Henkel ist dran.

Ich sehe mich noch heute, gerade vier Jahre alt, mit meinem Eimerle in der Hand in der hinteren Hoftüre mit Blick in Richtung Sandkasten stehen, als just in diesem Moment die Tragfläche eines abgeschossenen Bombers nieder ging, abgeschossen von der in den gegenüberliegenden Weinbergen positionierten FLAG. Ein Flammenmeer, irgendjemand riss mich zurück ins Haus. Bleibende Erinnerung. Und ich weiß auch noch so gut wie heute, dass mich ein Soldat meiner Mutter entriss, beide rannten sie die „Ludwigsburger" runter, ich auf seinen Schultern, vorbei an der brennenden Schule in den Stollen. Ich höre mich noch immer vor Angst wie am Spieß schreien. Die Schule, einst dort, wo heute die Post ist (… oder war?), war nur noch ein schnödes Steinfassadengerippe. Die brennenden Sparren und Pfetten loderten nach oben wie die Flammen.

Am 30. 5. 1943 im Hof, Haus 56 + 58 mit Luftschutzvermauerung, das Eimerle

Noch immer im Dach auf meiner Holzzange sitzend, gingen mir auch die Erzählungen und Berichte meiner Eltern durch den Kopf. Als wir 1942 zuzogen – mein Vater war im Krieg ukgestellt[13] und vorübergehend beruflich nach Frankfurt Main abgeordnet worden –, stand unser Möbelwagen auf dem Bahnhof von Zuffenhausen. Die MG-Salve eines Flugzeuges durchbohrte den Waggon. Möbel gingen zu Bruch, die Teppiche hatten noch immer die Einschusslöcher, bis ich diese bei der Wohnungsauflösung 1998 schließlich entsorgte. Die nicht zum Volkssturm eingezogenen Männer standen während der Luftangriffe auf Stuttgart und auf die kriegswichtige Industrie im Zuffenhäuser Wald in den Dachböden Wache, bewaffnet mit Sandeimern und Decken, und warfen mit bloßen Händen die durch die Ziegel eingedrungenen Brandbomben zu den Dachfenstern wieder hinaus. So wurde unsere Block gerettet. Unser Haus blieb dennoch nicht verschont. Eine Fliegerbombe durchschlug die Wohnung von *Künzel*, durchbohrte mein Kinderzimmer und blieb schließlich bei *Schäfers* stecken. Sie explodierte nicht.

---

[13] unabkömmlich

Norbert W. Launer und Hanna Schneider am Sandkasten neben Teppich- und Wäschestangen (30. 5. 1943)

Outfit anno 1948 mit unserem „Adler", schon ohne „Holzversager" (Holzvergaser)

Meine schweizer Episode

Genug vom Krieg dachte ich. Doch was kam nach gestohlener Kindheit und Kindergarten? Wir Höflekinder kamen in die Schule und unsere Lebenswege drifteten immer mehr auseinander, unsere Verbindungen wurden lockerer, aber die geschlossenen Freundschaften blieben. Die Post wurde noch immer „militärisch geöffnet" und die Entnazifizierung war noch in vollem Gange.

Manchmal saß man noch auf dem Rand des Sandkastens und erzählte von den schulischen Erlebnissen und Plänen. War da nicht auch ein Skandal mit den Aufnahmeprüfungen zum Gymnasium? Lug und Betrug und Schmiergeld, und der Schuldirektor verlor damals „ratz fatz" seinen Posten, unehrenhaft. Ich selber wurde 1950, also mit 9 Jahren, aus gesundheitlichen Gründen in die Schweiz geschickt. Die Empfehlung des

Ein Bild aus guten Tagen: Familie E. Launer

einzigen nach dem Krieg noch praktizierenden Arztes (*Dr. med. Burger*) in Händen, seine Praxis lag gegenüber dem Zuffenhausener Rathaus, versuchte meine Mutter bei tagelangem Schlange stehen vor der französischen und dann vor der amerikanischen Botschaft für mich eine Ausreisebewilligung und eine Reisebewilligung durch zwei Besatzungszonen hindurch zu bekommen.

Irgendwie schaffte sie es. Ich wurde also alleine und ohne Begleitung in den Zug nach Zürich gesetzt. Im Bahnhof Singen Htwl. umstellten französische Soldaten den Zug, umspannten den Zug mit Ketten, trieben alle Reisenden mit Hunden aus den Wagen und durchwühlten, mit Maschinenpistolen bewaffnet, das Gepäck der Reisenden. Es war schauerlich für mich, ein bleibender Eindruck. Die Soldaten haben die 20 Mark nicht gefunden, die mein Vater in der ovalen, hellbraunen amerikanischen Zahnpulverbüchse versteckt hatte, Geld durfte man ja damals nicht mit in die Schweiz mitnehmen, ... im Gegensatz zu heute (?!).

Eine Ironie des Schicksals: 18 Jahre lang arbeitete ich später im Bürogebäude gegenüber dem Bahnhof von Singen und gegenüber von MAGGI und täglich sah ich die aus Stuttgart und Zürich ein- und ausfahrenden Züge. Welche Gedanken kommen da in einem auf! In Zürich war ich damals Fremder unter Fremden und ich kann heute nur zu gut nachvollziehen, wie es unseren ausländischen Mitbürgern ergeht.

Meine Eltern schickten mir meinen MÄRKLIN-Baukasten im Breuninger Pappkarton nach. Eine Karte lag bei uns im Briefkasten in Zürich: „Das Hauptzollamt". Ein Paket *ist* am Zollamt Hauptbahnhof abzuholen. Wieder so ein Imperativ. Ich hatte schreckliche Angst vor dem Zöllner in grüngrau. „Ischt das Dei Paket?" [pak'chet] Nickende Antwort. „Dann verzollen wir das … (lange Pause) … koschtenfrei!" und haut den Stempel drauf. Buhh …, ich war erleichtert.

Immer mehr fiel mir ein, je länger ich im Dach auf den Zangen saß und obwohl mir langsam der Hintern wehtat. Die erste sich automatisch öffnende Glastüre beim MIGROS in der Bahnhofstraße. Eine Rolltreppe, was ist das? Lindt-Schokolade und in Rüschlikon der Park „im Güenen" von Herrn Duttweiler beeindruckten mich nachhaltig. Den Ütliberg mit dem Schlitten hinunter, die Bahnhofstraße täglich einmal rauf und runter, den Schwänen zusehen, wie sie abends in ihr Zuhause zurück schwammen. Und bei JELMOLI gab es Handtücher in allen Farben des Regenbogens. Ich hatte nur die alten Lappen aus der Kriegszeit dabei. Für Schweizer Verhältnisse war ich so schäbig und ärmlich gekleidet, dass in der Schule für mich gesammelt wurde und ich neue Kleider bekam – also abgetragene Kleider –, aber für mich waren es Luxusgüter. Man schimpfte mich „kaibe Schwob" weil ich nur schwäbisch konnte. Ich verstand das nicht, Schwaben sind doch bekanntlich auch Alemannen. Ich lernte „Schwyzer Dütsch", hatte Sportunterricht, so was kannten wir in Stuttgart nicht, weil die Flüchtlinge noch immer in den Turnhallen wohnten. Wir hatten Unterricht in Italienisch und Französisch, allerdings bekam ich davon überhaupt nichts mit, denn die Schulkameraden waren alle viel weiter als ich. Aber man nahm Rücksicht auf mich. Kurzum, die Verbindung mit der Schweiz blieb, ohne zu ahnen, eine Verbindung auf Dauer und bis heute. Das Sturmgewehr und die Munition im Kleiderschrank meines Onkels (… „Du gehst mir da nicht dran …"), am Bahnhof keine Schranken, keine Bahnsteigkarten. Von der Schule aus besuchten wir den Hauptbahnhof von Zürich

Norbert W. Launer

und mussten Lokomotiven malen; auf was denn, ich hatte keinen Zeichenblock und keine Buntstifte.

Den Umgang mit den fremden Menschen, die Grundkenntnisse der Kantonsgeschichte, ein bisschen Schillers Wilhelm Tell, die Lehre über eine plebiszitärer Demokratie, verbunden mit einer für mich damals nicht gekannten Toleranz und Freundlichkeit mussten erlernt, erarbeitet und verkraftet werden. In meinem späteren Beruf hatte ich mit der Schweiz viele gemeinsame Baustellen – echte und sprichwörtliche – bis hin zu Verhandlungen auf Botschafterebene und daraus erwachsend nachhaltige Beziehungen zu unseren Nachbarn. Der gelebte Umgang miteinander, das Verständnis für das savoir vivre helvétique und für eine Confédération (Eidgenossenschaft; nicht Bundesstaat sondern Staatenbund) und die damals erlernte alemannische Sprache haben mir stets dabei geholfen.

Zurück in Stuttgart und dann …

„3 Scheite Holz", „Fange" und „Versteck" waren unsere Spiele. Außer in den Ruinen auf dem Platz neben der Schule zwischen Sachsen- und Vandalenstraße herumstreunen oder den Wannenbuckel mit Rollern herunterfahren, waren größere Exkursionen damals nicht oder besser gesagt noch nicht angezeigt. Alles spielte sich im Hof ab. Fußball, auch wenn er wie von mir in Niedens Fenster gedonnert wurde, Rollschuhlaufen, erste Fahrversuche mit dem Rad und samstags Putztag für die wenigen Autos, die es damals gab. *Schmid*s hatten das einzige Telefon. Die elektrische Eisenbahn von *Albert Zierle* mit ihren vielen Transformatoren und Lokomotiven ist mir noch

v.l.n.r.: Frau Groß, Herr Launer sen., Ingrid Schneider

heute in Erinnerung. Und der *Opa Zierle* konnte zeichnen und Holzfiguren aussägen und bemalen und lieferte den Hintergrund zur Eisenbahn (siehe *Albert Zierle*).

Der Traum von der Eisenbahn

Ich durfte Klavier spielen lernen, 8 Jahre lang. Manchem Hausbewohner ging ich damit sicher auf die Nerven. Nachdem ich jedoch eher modern denn klassisch spielte, haben meine Familie und ich die Notbremse gezogen.

Nach meinem kindlichen „Ausflug" in die Schweiz musste ich wieder schwäbisch lernen; allmählich wurden wir Höflekinder erwachsener. In der Schule ging nicht immer alles glatt, *Gerhard Künzel* musste mir manchmal bei den Übersetzungen deutschfranzösisch helfen. Ich hab' ihm das nie vergessen. Die Kontakte unter uns Höflekindern waren nur noch flüchtig, man traf sich mitunter im Hof, in der Straßenbahn oder an der Haltestelle. Die ehemaligen Schulfreunde und Hofkameraden waren beschäftigt mit Schule, Studium, Berufsausbildung oder sie waren altershalber bereits im Beruf. Manche zogen weg, manchmal unbekannt wohin auch immer. Den *Gerhard Pfisterer* sah ich noch manchmal auf der Straße, wenn ich seinen LKW überholte. Er erkannte mich nicht in meinem Auto mit KN-Kennzeichen, wie sollte er auch. Den *Peter* habe ich einige Male getroffen. Auch ich zog später weg, aber die Verbindungen zu unseren Hausbewohnern *Ingrid Schneider*[14] (†), *Frau Gommlich, Frau Groß* und zu *Schumachers* blieben bestehen.

Plötzlich hörte ich Schritte auf der Treppe. Ich war wieder hell wach, die Erinnerungen und Gedanken wie weggewischt. „Also wosch'es … Hockt im Oberta und träumt vor sich hi un ich han

---

[14] Letztlich waren ein Fernsehbericht und ihre Beerdigung der Anstoß zum späteren Wiedersehen der Höflekinder.

Norbert W. Launer

Dorscht und waart uf Dich ... Kumm endlich abi Ma ... !" Das „ch" mit deutlich alemannischem „ch", also mit der bekannten Halskrankheit gesprochen. Ich war wieder im „Ist" angekommen.

Als ich am nächsten Tag den Kaufladen in die Garage brachte, dachte ich an die herzigen „Mini" – Waren und an die Persil Päckchen und was es da sonst noch gab und wo die wohl alle abgeblieben waren?

Das Tri – tra – Trallala ist jetzt im Kindergarten in unserm Dorf. Hoffentlich freuen sich die Kleinen genauso, wie wir uns damals darüber freuten in unserm Höfle, vor der Wohnung von *Schmid*.

Da fällt mir gerade ein, ich soll morgen mit dem Hund meiner Schwägerin spazieren gehen, sie wohnt in der Schweiz im Kanton Thurgau.
... Die Schweiz lässt mich also doch nicht los ...

Damals vor der „56"
Obere Reihe v. l.: Rose Künzel, Gisela Schneider, Jenny Schneider
Untere Reihe v. l.: Ingrid Schneider; Norbert W. Launer, Hanna Schneider

Ruinen als Abenteuerspielplatz und wie ich zum Flugzeugbastler wurde

Die Hausnummern 52, 54, 56, 58, 60, Erinnerungen an den Block

von Gerhard Pfisterer
Jahrgang 1937, ehem. Haus 58

Um meine Kindheitserinnerungen aus der letzten versteckten Schublade hervorzuholen, benötigte es einige Zeit; vor allem die durcheinander wirbelnden Erinnerungen eines 5-15 jährigen richtig zu sortieren und niederzuschreiben. Nicht nur große Dinge bleiben einem erhalten, sondern auch die kleinen Begebenheiten. Sie prägen, formen, unterdrücken oder erheben so einen kleinen „Bua". Nicht außer Acht lassen dürfen wir das Zeitgeschehen zwischen 1940-1950. Viele unserer damaligen Mitbewohner wurden zwischen 1870 und 1900 geboren, machten einen technischen und bildungsmäßigen Sprung, den man heute kaum nachvollziehen kann. Der Beginn der Industrialisierung mit bis zu 70 Stunden Wochenarbeitszeit, ohne Sicherheit bei Krankheit und ohne Versorgung im Alter, prägten ganze Generationen. Pünktlichkeit, unendlicher Fleiß und beinahe Kadavergehorsam gegenüber den Vorgesetzten, Eltern und Großeltern wurden bis in die späten 40er Jahre weitergegeben.

In der Ludwigsburger Straße 58 war ich zuhause, es war Krieg. Für mich war es eine mehr oder weniger lustige, aber ereignisreiche Zeit, denn es war immer etwas los. Ich kam 1944 in Ludwigsburg in die Grundschule, da dort meine Großeltern wohnten. Die Leute sagten, es wäre dort nicht so gefährlich, wie in Zuffenhausen. In Ludwigsburg passierte nichts, die Flugzeuge flogen über uns weg und wir sahen bloß ihren Kondensstreifen nach. Ludwigsburg wurde nicht bombardiert, weil es Lazarettstadt war.

Schule gab es nicht immer, denn es waren keine Lehrer da. Ende 1944 kam ich wieder nach Zuffenhausen, mit dem Schulunterricht war es hier das Gleiche. Einen großen Unterschied gab es jedoch; wir waren viel mehr Kinder. Der größte Teil von ihnen war ungefähr im gleichen Alter wie ich.

Das Haus Nr. 60, der Querbau mit Durchfahrt und Holztor, teilzerstört

Jetzt wurde es ernst mit dem Krieg. Man musste bei Fliegeralarm in den Stollen oder in den Keller. Die Sirenentöne mit ihren auf und abschwellenden Tonfolgen höre ich heute noch. Unzählige Male saßen wir mit den meisten Hausbewohnern im Keller und warteten darauf, was geschehen würde. Oft ging das Licht aus. Man hatte viel Angst. Bei Kerzenlicht warteten alle auf das Ende der Angriffe. Die Kinder verschliefen während der Nacht oftmals den ganzen Kelleraufenthalt. Einmal krachte und bebte es so stark, dass es für mich unbegreiflich war. Es staubte im Keller und es roch komisch. Alle waren weiß vom herab fallenden Gips und Putz. Es verging eine lange Zeit. Dann kam die Entwarnung. Alle gingen sofort in den Hof. Beim *Hans-Peter* fehlte ein Teil vom Haus. Aber es brannte nicht. Sofort wurden wir Kleinen alle in die Wohnungen geschickt. Später durfte man wieder auf die „Gass". So konnte man alles anschauen. Im ersten und zweiten Stock sah man einen Teil der Möbel und der Türen und das kaputte Dach. Für uns Kinder war das ein riesiges Abenteuer.

In der Burgunderstraße sah es noch viel schlimmer aus. Wir Kinder konnten das Geschehen nicht richtig begreifen. Man hatte Angst und doch keine Angst. Schnell wurden die Ruinen unsere Spielplätze. Die Erwachsenen jagten uns oft davon. Es gab immer Ärger. Man fand Spielsachen, Puppenhäuser, Teddybären und Spielzeugeisenbahnen, teilweise kaputt, verbrannt oder zerfetzt. Wir spielten trotzdem damit. Von einer dieser Eisenbahnen habe ich heute noch den Kohlenwagen. Wir fanden auch Stabbrandbomben und spielten damit. Der Respekt vor diesen war ungeheuerlich, denn die Erwachsenen erzählten furchtbare Geschichten über sie. Es passierte aber auch zuviel, aber wir Kinder hatten alle viel Glück.

Mit gefundenen Billardkugeln ließ sich auf der Ludwigsburger Straße sehr gut spielen. Einer legte sich an der Straßenbahnhaltestelle Hohensteinstraße auf den Bauch und ließ die Kugeln bis zu den Metzgereien Ossmann oder Frankenreiter in den Straßenbahnschienen den Berg hinunterrollen und unten fing man die Kugel wieder auf. Dies konnte man auch mit den gefundenen Spielzeugeisenbahnwagen aus den Häusertrümmern machen. Es war nicht gefährlich, denn es fuhren nur wenige Straßenbahnen und nahezu keine Autos.

Für uns Kinder war der Krieg auf einmal aus. Ecke Hohenstein- und Ludwigsburger Straße war im Eckhaus die französische Kommandantur eingezogen, später kamen dann die Amerikaner. Man durfte nicht auf die Straße und auch einige Zeit nicht mehr in den Hof. Jetzt war der Krieg doch endlich aus und *ich* durfte nicht mehr spielen. Ha so „ebbes".

Gerhard Pfisterer

Es gab auch keinen Schulunterricht. Nach einigen Monaten wurde es besser. Jetzt durften alle wieder in den Hof. Wir spielten Blatthopfe, Siebenleba, Kaiser wie viel Schritte gibst Du mir, ich erkläre den Krieg gegen …, Fangerles und Versteckerles. Es war immer etwas los. Der Sandkasten war leer, kein Wunder, denn den Sand benötigte man zum Ausbessern der Häuser. Für uns Kinder begann ein normales Leben. „Räuber und Bolle". Versteckspielen und Fange dauerten oft ein bis zwei Tage. An Beschäftigungen fehlte es uns allen nicht. Östlich unseres Hofes war eine große Obstwiese. Mit vielen Apfel- und einigen Birnbäumen; anschließend erstreckte sich ein Maisfeld. Über viele Jahre hindurch wurde dort immer nur Mais angebaut. So hatten wir Kinder immer Äpfel, Birnen, vom Stacheldraht zerrissene Hosen und im Maisfeld ein gutes Versteck. Wenn der Bauer kam, mussten wir alle schleunigst davon rennen, denn er versohlte uns sonst den Hosenboden. Das ganze Gebiet war ideal zum Spielen.

Im Hof war ein sehr hoher Birnbaum, der der Baugenossenschaft gehörte. Zur Herbstzeit wurde der Baum der Früchte halber immer verpachtet. Für uns Kinder war er ein toller Spielplatz. Man konnte leicht hinaufklettern und in den Astgabeln sitzen und Segelschiff spielen. Dorthin konnten uns die Erwachsenen nicht folgen. *Walter Euchner* hatte dort seinen eigenen Platz, den er für sich beanspruchte. Dort lernte er aus seinem „Cornelius Nepos" und wir staunten über seinen Ehrgeiz und Fleiß. Herr *Kriminalrat Schäfer* pachtete den Birnbaum regelmäßig. Um seine Ansprüche geltend zu machen, hängte er ein Pappschild an den Baum. Mit der Aufschrift „Schäfer: verpachtet". Regelmäßig wurde von uns Lausbuben das „p" ausgestrichen, was natürlich seinen Zorn gegenüber uns Kindern schürte.

Südöstlich des Maisfeldes lag das Gewächshaus des Gärtners Kunz, in dem blaue Trauben angebaut wurden. Geerntet wurden sie nie, denn wir aßen sie immer alle vorher auf. Sie waren nicht süß, aber sie waren verboten. Dafür hatten sie eine harte

Schale. So ähnlich war es auch mit der Obstwiese; viele Äpfel wurden von uns gegessen, reif, unreif mit und ohne Würmer. Was sich dementsprechend auf unsere Verdauung auswirkte. Obwohl es nicht weit war, reichte es oft nicht bis nach Hause. Aber das Maisfeld ersparte mir so manchen Gang in den zweiten Stock. Bei den Versteckspielen musste man dann aufpassen, wohin man trat.

In der Obstwiese standen mehrere Telefonmasten. Schnell fanden wir heraus, dass man durch Rütteln der Masten und an deren Spanndrähte die Leitungen so heftig in Schwingung bringen konnte, bis sich diese berührten. Dann funkte und krachte es. Gleichzeitig klingelten alle Telefone im Block und im Postamt. Das war ein riesiger Spaß, und wir genossen den Anblick vom Maisfeld aus, wenn die Bewohner verdutzt aus dem Fenster schauten.

An heißen Tagen spielten wir im Grenzbach zwischen Feuerbach und Zuffenhausen, welcher vom Gärtner Kunz zur Bewässerung aufgestaut wurde. In den Grenzbach wurden auch die Abwässer einiger Häuser eingeleitet. Gewissen Objekten wichen wir aus und ließen sie vorbeiziehen. Wir waren also sehr sauber, stanken aber umso mehr.

Im Keller von *Peter Schmids* Eltern machten wir eine tolle Entdeckung. Ein unterirdischer Gang, der während des Kriegs von den Hausbewohnern in Gemeinschaftsarbeit gegraben wurde, ging vom Keller bis zu *Erlenbusch* ins benachbarte Haus. Der Zutritt war absolut verboten. Wir entdeckten aber dabei in *Schmids* Keller süße Kondensmilch in Dosen, eingemachtes Obst aller Art und Kalbfleisch in Einmachgläsern. Alles wirkliche Raritäten. Immer nur Äpfel und Birnen war nicht unser Fall. So öffneten wir einige der Kondensmilchdosen mit Hammer und Nagel. Ihr Inhalt war köstlich. Jetzt wohin mit den leeren Dosen? Die Vorräte waren genau abgezählt. Nach längerem Überlegen räumten wir die oberste Reihe der Dosen weg und stellten die leergeschlotzten Dosen, mit den Löchern nach unten, wieder in ihren Karton zurück und stellten die vollen wieder oben drauf. Mit dem eingemachten Obst war es schwieriger, denn das fiel sofort auf. Das Kalbfleisch in Gläsern aßen wir trotzdem. Aber wie wieder auffüllen? Fehlten zwei oder drei Gläser, fiel es nicht so sehr auf, jedoch bei mehreren Gläsern? So kamen wir gemeinschaftlich auf die Idee, die Gläser dank unserer guten Verdauung wieder zu füllen, mit dem Einmachgummi und dem Glasdeckel, so gut es ging, zu verschließen, sie an ihren Platz zurück zu stellen und im Hof unauffällig weiter zu spielen. Es vergingen Tage und Wochen. Eines Tages ging bei *Familie Schmid* ein Höllenlärm los. Bei der Kontrolle der Vorräte wurden die lockeren Glasdeckel entdeckt und alles Eingemachte mit losen Deckeln in die Küche gebracht. Beim Versuch das Beste noch zu retten, wurde geguckt, mit einem Löffel gerührt und daran gerochen, bis das Resultat feststand. Wer war das? Es folgte eine furchtbare Tracht Prügel für *Axel*, der mit der ganzen Sache ausnahmsweise einmal nichts zu tun hatte. Danke *Axel*! Es war eine sehr unangenehme Zeit. Komisch, alles wurde von alleine im Keller aufgegessen.

Eines Tages fand *Peter Schmid* im Schlafzimmer seiner Eltern „Luftballons". Schön weiß eingepackt und sehr gut zum Aufblasen. Wir spielten mit diesen im Hof und aßen die Schokolade, die er ebenfalls gefunden hatte vorsichtshalber auf, damit sie nicht verdirbt. Bald hatten wir wieder Ärger, ich weiß nicht warum? Wegen der Luftballone oder vielleicht wegen der Schokolade?

Der Opa von *Hans-Peter Jakob*, *Herr Knops*, hatte seinem Enkel ein schönes, hölzernes Maschinengewehr und einen Holländer[15] gebaut. Mit *Hans-Peter*, *Peter* und *Axel Schmid* und einigen anderen Kindern spielten wir im Hof Krieg. Um richtig Krieg zu spielen, kam ich auch als „Bombe" zum Einsatz. Der Holländer und das Maschinengewehr wurden von mir in die

---

[15] Kinderfahrzeug

Luft geschleudert und zerschellten auf dem Boden in viele Stücke. *Hans-Peter* weinte, *Peter* schaute ernst und ich bekam Bedenken. Auf einmal kamen *Frau Jakob* und *Oma Knops*. Ich hätte mich gerne unsichtbar gemacht, bekam eine Tracht Prügel und *Hans-Peter* durfte nicht mehr mit mir spielen. Stattdessen musste er nun Klavier spielen lernen.

Ab 1947 fand wieder regelmäßiger Schulunterricht statt. In unserer Schulklasse waren wir zwischen 40 und 50 Schüler. Lehrer gab es wenige, die pensionierten Lehrer wurden wieder eingestellt. Es herrschte Schulraumnot. Im Winter musste jeder zweite oder dritte Schüler Holz oder Kohle mit in die Schule bringen. Der Ofen stand mitten im Klassenzimmer und das Ofenrohr ging durch das Fenster ins Freie. Die Unterrichtszeit dauerte täglich nur 2 bis 3 Stunden. So hatten wir im Block immer noch sehr viel Freizeit. Durch die Vertriebenen waren bei uns in der Klasse alle Altersstufen vertreten, von 6 bis 14 Jahren. Die Lehrer mussten sie nach ihrem Wissensstand gruppieren, so dass allmählich ein geregelter Unterricht stattfinden konnte.

Da ich mich sehr für technische Sachen interessierte, holte ich meine Dampfmaschine von der Bühne[16], mit der ich sonst nur zu Weihnachten spielen durfte, und ließ sie im Hochsommer in der Küche laufen. Meiner guten Verdauung ist es zu verdanken, das ich heute noch lebe. Denn während ich auf dem Klo saß, explodierte die Dampfmaschine in tausend Fetzen, sogar die Küchenfliesen und die Decke wiesen danach schwarze Löcher auf. Von meiner Mutter wurde mir wieder mal der „Arsch" versohlt und ich bekam keine Dampfmaschine mehr. Dafür bekam ich von der *Familie Metzger* ein Modellsegelflugzeug geschenkt, welches ihr Sohn *Kurt* noch selbst gebaut hatte. Dieser war als 16 Jähriger in den letzten Kriegswochen als Luftwaffenhelfer gefallen.

Auf dem Güterbahnhof in Feuerbach, gegenüber Werner & Pfleiderer, wurden die Flugzeugwracks aus dem Krieg gesam-

---

[16] Dachboden

melt. Man fand alles, was einmal geflogen war. Flugzeugkanzeln mit kompletten Instrumenten, ganze Rümpfe, Flügel und Leitwerke und das alles ohne Aufsicht. Dort hatten wir für einige Monate einen interessanten Spielplatz. Hier verbrachten wir viele Stunden und kamen dann ölverschmiert nach Hause. Eines Tages war jedoch plötzlich alles verschwunden. Mit dem Flugzeugbazillus wurde ich damals so infiziert, dass er bei mir bis heute erhalten blieb.

Auch der heutige *Prof. Dr. Friedrich Wangern*, genannt „Fridolin", trug seinen Teil dazu bei, mir das Fliegen schmackhaft zu machen. Während eines Schullandheimaufenthaltes auf der Schwäbischen Alb, in Immenreute, brachte er uns Kindern bei, warum ein Flugzeug überhaupt fliegt. Auf einem Segelfluggelände durfte ich auf einem „Schädelspalter", einem Segelschulflugzeug, sogar einen Hupfer von ca. 10 bis 12 Meter machen. Flughöhe etwa 60 bis 80 cm über Gottes Erdboden.

So kam ich auf die Idee, das Modell eines Segelflugzeuges zu bauen. Denn auf dem Segelfluggelände auf der Alb durften auch Modellflugzeuge starteten. Es war sehr mühevoll, das ganze Material musste ich zusammenstupfen. Das Modell flog auch einigermaßen, aber es fehlte in unserem Wohngebiet an Thermik, so dass das Vergnügen immer nur von sehr kurzer Dauer war. Selbständig fliegen sollte so etwas, das wäre „Ebbes". Es musste also ein Motor her, richtig zum Fliegen, mit Benzin. Gesagt, getan. Aber woher den Motor bekommen? Im „Mechanikus", einer zu jener Zeit sehr verbreiteten Modellbauzeitschrift, wurde ich fündig. Kaufen, aber wovon? Also fing ich an zu sparen. Es vergingen einige Wochen. Endlich hatte ich meinen Motor. Zuerst musste ich das Triebwerk einlaufen lassen. Vom Kohlen-Kunberger durfte ich mir einen Holzblock holen. Daraus ließ ich mir einen Motorprüfstand sägen. Zu meinem Bedauern lief der Motor aber nicht mit Benzin. Es war ein Diesel (Selbstzünder). Ich marschierte also in die Traubenapotheke, um mir dort Kraftstoff mischen zu lassen.

1/3 Äther, 1/3 Rizinusöl und 1/3 Petroleum. Nach langem Hin und Her, wofür ich dies benötige, bekam ich dann meine Mischung. Ich musste allerdings Name, Adresse, Schule und den Namen meines Lehrers angeben, um das gefährliche Zeug zu bekommen. Endlich hatte ich es. Ich montierte den Motor auf dem Prüfstand. Nun sollte es losgehen. Bis ich endlich die richtige Vergasereinstellung und den richtigen Zündzeitpunkt hatte, vergingen einige Stunden. Zuerst zündete er nur einige Sekunden, doch dann lief er schließlich rund, mit viel Lärm und furchtbarem Gestank. Die Fenster der Hausbewohner gingen auf, die Neugierde war sehr groß. Die Hausbewohner wollten wissen, was im Hof geschah. Mir wurde nahegelegt, den Motor auszumachen, was ich jedoch nicht tat, denn er musste ja schließlich „einlaufen". Erst unter Androhung von körperlicher Gewalt stellte ich den Motor ab. Ich musste mir einen neuen Platz für meinen Prüfstand suchen. Wochen später ließ ich dann das Modellflugzeug fliegen, ich ließ es auf der Wiese Richtung Grenzbach mehr schlecht als recht starten und landen, denn die Wiese war einfach zu kurz.

Aus Amerika kam etwas Neues, Fesselflugzeuge, bei uns genannt „Lasso-Geier". Jetzt hatte die Platznot ein Ende, denn das Modellflugzeug wurde an zwei ca. 30 Meter langen und sehr dünnen Stahldrähten immer im Kreis gesteuert. Es machte riesigen Spaß und ich durfte es abends auf dem Pausenhof der Hohensteinschule fliegen lassen. Bis es dann auch dem Hausmeister zu laut war und ich mir einen anderen Platz suchen musste. Mit viel Übung und Geschick konnte man Loopings, Wellen und im Rückenflug fliegen. Beim Versuch, solch tolle Kunststücke zu fliegen, rammte ich den Flieger in den Boden. Jetzt war „älles he".

Die Zeit verging und man durfte oder sollte auf eine höhere Schule. Oder ging in die Lehre. Einige zogen auch ganz fort. Man verlor sich aus den Augen.

Gerhard Pfisterer

Gruselige Erinnerungen:
Der Gang in den unheimlichen Keller

von Hans-Peter Jacob
Jahrgang 1941, ehem. Haus 60

*Hans-Peter Jacob und
Norbert W. Launer auf
einem Feld Richtung Kornwestheim*

„Peter hol im Keller geschwind ..." – noch heute höre ich die Worte meiner Mutter. Damals aber, als achtjähriger Knirps, überhörte ich sie nicht nur, sondern verkroch mich geschickt in irgendeiner Ecke, in der sie mich nicht vermutete. Aber sie fand mich immer, und ich musste wieder einmal den Gang ins Ungewisse antreten. Was war eigentlich so unheimlich an unserem Keller? Waren es die vielen spannenden Rittergeschichten, die ich in diesem Alter verschlang und die mir den Keller wie ein dunkles, kaltes Verlies erscheinen ließen? Ich hatte Angst! Doch Angst darf ein Junge nicht zeigen. So machte ich mich heimlich murrend auf den Weg.

In der Ludwigsburger Straße 60 hatten wir ein herrliches Holzgeländer, welches von uns Kindern zum Verdruss aller Eltern des Öfteren anderweitig genutzt wurde. Da mein Auftrag doch auch ein klein wenig Vergnügen bringen sollte, startete ich heldenhaft rutschend auf dem Hosenboden vom 1. Stock bis ins Erdgeschoss. Es hatte mich keiner gesehen, gelungen! Die paar Stufen bis in den Souterrain waren ein Klacks. Warum durfte ich nicht von hier, vom so genannten Holzstall, etwas holen? Hier war es nicht unheimlich, sondern interessant. Jede Mietpartei besaß im Souterrain einen Kellerraum, in welchem Brennmaterialien wie Kohle, Briketts, Holz und daneben allerlei Nichtverderbliches gelagert wurde. Mein Opa hatte diesen Raum zusätzlich als kleine Werkstatt ausgestattet. Mit all den Dingen, die man im Jahr 1949 noch hatte oder wieder hatte, eine so genannte Fundgrube für den Bastler. Dort befand sich auch die wohlbehütete alte, rostige Backform, in der sämtliche von Opa gesammelten rostigen Nägel, krumme Schrauben, Federchen etc. auf ihren Einsatz warteten. Diese wurden bei Gebrauch gerade geschlagen, gereinigt und stolz verwertet. Hier stand auch Opas Rutscherle, ein Brett mit vier Rädern, einer Deichsel und einem Handgriff, mit dem wir wunderbar einen Sack Kartoffeln oder sonstige brauchbare Dinge, die man nicht tragen konnte, transportierten. Aber ich durfte hier nicht verweilen, mein Weg führte tiefer.

Mein Herz begann schneller zu schlagen, als ich die Türe zum eigentlichen Keller öffnete. Vor mir lagen zwei lange Treppen, nur schummrig beleuchtet. Da half nur noch eines um meine Angst zu besiegen: ‚Pfeifen'. Laut pfeifend nahm ich also Treppe für Treppe und gelangte an die schwere, rostig-grüne Eisentür, den Eingang in das Verlies. Die Tür, die immer nur angelehnt war, knarrte leise beim Öffnen und ich schlich, immer leiser werdend, in den Keller. Nur Mut! Ein feuchter, etwas muffiger Geruch empfing mich. Hier war der Boden nur gestampft und eine lange Reihe holzverschlagener Vorratskeller lagen im Dämmerlicht vor mir. Darin untergebracht und gehortet: Obst und Gemüse, eingelegte Eier, Sauerkrauttöpfe, Mostfässer, Geräuchertes, Eingemachtes, Eingelegtes – undefinierbare Gerüche umgaben mich. Wie gerne hätte ich einmal geschaut, was die anderen Mitbewohner so alles in ihren Vorratskellern gehortet hatten. Doch hörte ich nicht etwas? Ein Stöhnen, ein Rasseln, wo kam nur das Geräusch her? Meine Hände wurden feuchter, Angstschweiß stand auf meiner Stirn. Hastig rannte ich zu unserem Verschlag, schloss die Türe auf, holte, was gewünscht wurde, drehte mich um, kaum in der Lage, die Türe wieder ordentlich abzuschließen, und war in Sekunden an der gehassten Eisentür. Kein Blick zurück ins Schummerlicht. Ich hatte

Hans-Peter Jacob

einwandfrei etwas gehört. Nur ab. Die Treppen hinauf, ich war im Souterrain und gerettet.

Viele Jahre später habe ich einmal mit meiner Mutter über die verhassten Botengänge in den Keller geredet. Etwas verschämt gab sie zu, dass auch sie, nur wenn wirklich notwendig, in diese unheimlichen Kellerräume ging. Sie aber war davon ausgegangen, dass männliche Wesen anders empfinden. Und ein Mann hat ja keine Angst.

Die Skifahrer Peter Schmid und Hans-Peter Jakob

Mein erstes Telefon oder wie meine Liebe zur Technik erwachte

von Klaus Dobler
Jahrgang 1941, ehem. Haus 58

Handy, Laptop, PC, digitale Kamera – das sind Begriffe, die es Anfang der 50er Jahre noch nicht einmal als Fremdwort gab, denn sie waren noch nicht erfunden! Wir hatten nicht einmal ein normales Telefon, meine Eltern konnten sich das einfach damals noch nicht leisten. Heute können sich unsere Kinder oder Enkel kaum vorstellen, mit wie wenig Spielzeug wir ausgekommen sind. Aber das war nicht zu unserem Schaden, das Gegenteil war der Fall!

Mit welcher Kreativität und Phantasie konnten wir doch spielen und wie haben wir uns mit oft ganz einfachen Mitteln geholfen, um uns unsere Spielsachen selbst zu bauen. Ich erinnere mich noch daran, dass ich einmal einen Drachen gebaut habe, aber weil Uhu-Klebstoff zu teuer war, habe ich den Klebstoff aus angerührtem Mehl selbst hergestellt.

Und ich hatte es gut! Mein engster Freund war damals *Albert Zierle*, und sein Vater und sein Großvater waren geniale Bastler, bei denen man vieles lernen und abgucken konnte. Als ich 13 Jahre alt war, ging damals mein größter Traum in Erfüllung und ich bekam meine heiß ersehnte elektrische Eisenbahn. *Albert* hatte schon eine – vielleicht auch eher sein Vater oder Großvater – und was dort vor Weihnachten aufgebaut wurde, war einfach die schönste Eisenbahnanlage der ganzen Welt! Da gab es Berge, Tunnel, Brücken, Dörfer und im Hintergrund ganze gemalte Gebirgslandschaften. Mit leuchtenden und auch ein bisschen neidischen Augen habe ich das alles bestaunt. Aber dabei blieb es nicht, und das war das Wunderbare: Mir wurde gezeigt, wie man das alles macht, und mit Eifer und großer Freude und

Alberts Mithilfe machte ich mich ans Werk und es gelang. An Weihnachten hatte ich meine eigene, selbstgebaute Modellbahnanlage, auch mit Bergen, Tunnel, selbst gebastelten Häusern, einem Bahnhof und Bäumen.

Aber zurück zum Telefon!

Alberts Vater brachte eines Tages zwei alte Telefone mit, Kurbeltelefone, wie man sie wohl auch beim Militär früher einsetzte. Und natürlich hatten wir die Idee, dass es wunderbar wäre, wenn *Albert* und ich uns telefonisch erreichen könnten. *Albert* wohnte einen Eingang weiter, wir im ersten Stock, *Albert* im Parterre. Und jetzt wurde geplant, wie wir das realisieren könnten.

Klaus Dobler: Meine erste selbstgebaute Modelleisenbahn-Anlage

Altes Kurbeltelefon

Auf der Hofseite, neben der Küche, war eine kleine Speisekammer, der ideale Ort für das Telefon. Von dort konnte man mit einem dünnen Kabel durchs Fenster an der Hauswand entlang bis zu *Albert* kommen. Idealerweise ging das Kabel an den Fenstern von *Alberts* Großeltern vorbei und dann schräg hinab zur Speisekammer bei *Albert*. Welch ein Abenteuer war das doch, als alles verlegt war und wir die ersten „Ferngespräche" zueinander führen wollten. Wir wussten, dass das Klingeln am anderen Apparat durch Drehen der Kurbel zustande kam und dass man für die Gespräche noch eine Batterie anschließen musste. Endlich war alles fertig und tatsächlich, beim Drehen der Kurbel hat es auch beim anderen geklingelt. „*Albert*, hörst Du mich?" Keine Antwort. „*AAAlbert*!" Keine Antwort. Also den Kopf zum Fenster hinausgestreckt und laut gerufen: „*Albert*, ich höre Dich nicht, kannst Du mich hören?" – „Ja, ich höre Dich, aber nicht durchs Telefon, sondern durchs Fenster!"

Wir waren ratlos, was hatten wir denn falsch gemacht? Die Batterie war angeschlossen, das Kabel kunstvoll verlegt, eigentlich alles in Ordnung: Aber warum konnten wir nicht telefonieren? Hier war der Rat eines Fachmanns gefragt, und es war, glaube ich, wieder Alberts Vater, der wusste, wo der Fehler lag. Wir hatten die Batterie so angeschlossen, dass an dem einen Draht der Pluspol lag, am anderen der Minuspol. Und selbst ein Umdrehen der Pole hatte keinen Erfolg gezeigt. Und da mussten wir lernen, dass beim Telefon die Batterie so angeschlossen werden muss, dass an einem einzigen Draht, der unterbrochen wird, auf der einen Seite der Plus- und an der anderen Seite der Unterbrechung der Minuspol liegt, also keine Parallelschaltung, sondern eine Serienschaltung erforderlich ist. Das sind Lernerfolge, die man ein Leben lang nicht mehr vergisst! Und jetzt konnten wir telefonieren, wichtige Dinge in einem Bubenleben miteinander besprechen oder einfach schnell ausmachen, wann wir uns im Hof treffen – es war eine wunderbare Zeit!

Und so hat sich schon in frühen Jahren meine Liebe zur Technik entwickelt und sicher wurde schon damals der Grundstock zu einem erfolgreichen Berufsleben gelegt, das dann nach über zwanzig Jahren der Leitung einer großen Forschungsabteilung in ein weiterhin erfülltes Ruhestandsleben mündete.

Klaus Dobler

Meine Liebe zu den Höfleskindern, zum Theater und zum Violinspiel

von Renate Sigel, geb. Knoblich
Jahrgang 1932, ehem. Haus 60

Ich war gerade sieben Jahre alt, als wir in den „Block" der Ludwigsburger Straße 60 einzogen. Damals schon galt meine ganz große Liebe den kleinen Kindern im Höfle und bald wurde ich als die verlässliche Kindsmagd im Hof auserkoren. Im Haus Nr. 60 gab es gleich mehrere kleine Kinder: *Peter* und später *Axel Schmid, Hans-Peter Jakob* und *Susi Euchner*; vor allem mit *Klein-Peter* war ich viel zusammen. Unter Anweisung von *Mama Schmid* eignete ich mir die Grundkenntnisse der Säuglingspflege an und hatte damals nur noch den einen Wunsch, später einmal Säuglingsschwester zu werden. Es kam natürlich alles anders.

Die Knoblich-Damen von Haus 60

Mit *Susi Euchner* begab sich einmal Folgendes: Es war während eines Bombenalarms. Susi wurde von ihrer Mutter im Babykörbchen auf dem zweiten Treppenabsatz abgestellt, denn *Mutter Euchner* wollte noch einige Utensilien in den Keller bringen. Plötzlich war kein Licht mehr im Treppenhaus und im Keller, und *Frau Euchner* wusste in der Aufregung nicht mehr, in welchem Stock sie das Körbchen abgestellt hatte. Da ich stets die letzte war, welche die Wohnung bei Alarm verließ – ich war in der Nacht nicht wach zu kriegen – entdeckte ich beim Verlassen unserer Wohnung sofort das Babykörbchen. Ich schnappte es und rannte damit im Stockdunkeln in den Keller und wurde dort dankbar von *Frau Euchner* umarmt.

Wir großen Kinder spielten täglich im Höfle. In meinem Alter gab es jedoch nur wenige Mädchen. So spielte ich meistens mit Jungens. Mit ihnen kletterte ich auf sämtliche Bäume im Höfle, oder wir tummelten uns in der angrenzenden Wiese und versteckten uns im meterhohen Gras. In der Wiese „schlummerten" unzählig viele Blindgänger; es war gefährlich, dort zu spielen, aber ich kann mich nicht erinnern, dass jemals eine der Bomben hochgegangen wäre. Gegenüber von Haus Nr. 58 stand ein herrlicher Birnenbaum. Das war unser Kletterbaum – wer kommt bis zum Gipfel? Bei unserer Kletterei wurden wir stets beobachtet. Im Haus Nr. 58 wohnte nämlich ein kinderloses Ehepaar, „*Schuhpfisterer*" von uns genannt. *Frau Pfisterer* stand oft stundenlang am Fenster und beobachtete uns Kinder – in ihren Augen misshandelten wir den schönen (Birnen-) Baum mit unserer Kletterei; einmal schimpfte sie, sie war gebürtige Französin: „Du Kinder nicht immer auf Baum steigen und überhaupt, … Du wildes Mädchen" – damit meinte sie mich – „warum du immer spielen mit Buben, nicht passen für Mädel, sollen lieber Mutter gehen Hand!"

In den Wintermonaten, wenn im Höfle der Schnee oft meterhoch lag, bauten wir uns Iglus, in denen man sich richtig aufhalten konnte. Dank der lang anhaltenden Minustemperaturen konnten wir uns an den Iglus wochenlang erfreuen. In der Wohnung spielten wir im Winter sehr gern Theater. Die Texte dazu waren oftmals von meiner Schwester *Rosemarie* selbst verfasst und geschrieben. Die Stücke führten wir dann – unter großem Applaus – in den Wohnungen unserer Freunde im Block auf. Ich kann mich auch noch an die vielen „Moritaten-Aufführungen" (d.h. Erklärung einer Abbildung durch einen „Bänkelsänger") in der Wohnung von *Familie Schumm* erinnern (z. B. „Ist das nicht 'ne Leberwurst? … Ja, das ist 'ne Leberwurst").

Heiligabend 1942 bei *Familie Knops* ist mir auch noch in lebhafter Erinnerung. Musikalisch umrahmt von Geige und Gesang hat mich dieser Abend damals als Zehnjährige sehr beeindruckt.

Davon inspiriert lernte ich später die „Kunst des Violinspiels".
Bis heute ist dieses wunderschöne Instrument mein täglicher
Begleiter.

v.l.n.r. hinten: Ein Verwandter von Knops (mit Geige), Mutter Knoblich, meine Schwester Rosemarie

v.l.n.r. vorne: am Klavier Frau Jacob, Frau Knops, Hans-Peter Jacob, Renate Knoblich-Siegel, Herr Knops

Renate Sigel, geb. Knoblich

Abstieg und Aufstieg in einer „Schutzburg"

von Wolfgang Geiger
Jahrgang 1944, ehem. Haus 60

*„Bainder, Maier,
Knops und Hayer
Euchner, Schumm,
Schmid und Thumm"*

Dieser Spruch schießt mir immer sofort durch den Kopf, wenn ich an die Ludwigsburger Straße 60 denke. Damit hat ein unbekannter Poet und früher Rap-Sänger die Bewohner des Hauses verewigt, und seit ich diesen Spruch von meinem Großvater das erste Mal gehört habe, hat er mich nicht mehr losgelassen.

Von wann dieser Spruch stammt und zu welchem Zeitpunkt jene Mietergemeinschaft bestand, kann ich nicht sagen. Auf jeden Fall wohnten Anfang der 50-er Jahre einige jener Familien bereits nicht mehr dort, als wir in der Ludwigsburger Straße einzogen – wir, das waren meine Mutter, mein vier Jahre älterer Bruder Klaus und ich, unser Vater war in der Kriegsgefangenschaft gestorben.

Meine Großeltern wohnten schon seit etlichen Jahren im Erdgeschoss des Hauses. Sie hatten vor dem Krieg einmal eine kleine Schürzenfabrikation gehabt, mussten sie dann aber aufgeben, weil sie keine Stoffe mehr geliefert bekamen, als sich mein Großvater weigerte, „in die Partei" einzutreten. Nicht, dass er ein heimlicher Widerstandskämpfer gewesen wäre, doch konservativ wie er war, waren ihm die Nazis einfach zu laut, und außerdem war er viel zu dickköpfig, als dass er sich hätte von jemand erpressen lassen. Auf jeden Fall beschlossen meine Großeltern nach der Währungsreform, sich noch auf ihre alten Tage wieder selbständig zu machen, und gründeten im Untergeschoss der Ludwigsburger Straße 60 die „Schürzenfabrikation E. Bainder" aufs Neue. Startkapital war ein Posten Zeltplanen aus US-Army-Beständen, aus denen sie dann in Hand- und Heimarbeit Schürzen und Arbeitskittel anfertigten und vertrieben – Schürzen von einer unbegrenzten Haltbarkeit, wie man sie in jener Zeit gut gebrauchen konnte.

Für mich war der Umzug in die Ludwigsburger Straße 60 zunächst eindeutig ein Abstieg. Zwar sah ich ein, dass meine Mutter bei meinen Großeltern mithelfen sollte und dass auch das gemeinsame Wohnen billiger würde. Doch immerhin hatte ich bisher für unsere alte Wohnung am Ortsrand von Feuerbach als Adresse angeben können „Im Siebenzehnerle 17" – und für einen Siebenjährigen klingt natürlich im Vergleich zu einem derart lustigen Straßennamen eine „Ludwigsburger Straße" recht banal.

Doch allmählich lernte ich auch Gutes an der neuen Situation kennen. Zwar trauerte ich meinen alten Schulkameraden und einem heiß verehrten Klassenlehrer in Feuerbach nach, aber ein Schulweg von zwei Minuten, statt bisher 30 Minuten, ist ja auch nicht zu verachten und tröstete selbst über einen neuen Klassenlehrer hinweg, der noch die alte Rohrstockpädagogik vehement pflegte.

Und die neue Wohnung hatte auch ihre Vorzüge. Allein schon die Größe und verwinkelte Unübersichtlichkeit. Wie gut konnte man sich in einer finsteren Ecke verstecken, wenn Mutter oder Großvater mal wieder, um die paar Groschen für den Friseur zu sparen, die Haarschneidemaschine hervorholten, jenes Gerät, das, statt zu schneiden, einem jedes Haar einzeln auszurupfen schien.

Am Faszinierendsten aber fand ich immer das hinterste Zimmer, das Schlafzimmer meiner Großeltern, direkt über der Toreinfahrt zum Hof gelegen. Durch das einzige Fenster nur schummrig erhellt, von unten drang die Eiseskälte ins Zimmer. Aber trotzdem, ein solch geheimnisvolles Zimmer direkt über einem Torbogen ist doch fast wie in einer mittelalterlichen Burg.

Und die Umgebung hatte ja auch einiges an Abwechslung zu bieten, was unsere vorherige Wohnung nicht aufzuweisen hatte. Ging man Richtung Friedrichswahl, so begann am Ende des Wohnblocks links und rechts freies Feld. Entlang der Straße hatte man einen Streifen angelegt, auf dem viele Mieter aus unserem Block ihr „Stückle" hatten, um dort auf einem Beet von – meiner Erinnerung nach – etwa fünfzehn Quadratmetern mit dem Anbau von Tomaten und Bohnen, Mais und Zuckerrüben die immer noch schwierige Lebensmittelversorgung aufzubessern.

Richtung Rathaus dagegen kam man zum Metzger Ossmann und ein paar Häuser weiter gleich noch einmal zu einer Metzgerei, Metzgergeschäfte, in denen natürlich jedes Kind sein „Rädle Wurschd" bekam. Und auf der anderen Straßenseite gab es einen Schuster, bei dem man sich neue Sohlen und Absätze auf die Schuhe machen lassen konnte und vor allem auch neue „Eisele", die kleinen Eisenbesätze für die Schuhspitzen, damit sich die Sohlen beim Fußballspielen nicht so schnell abnutzten.

Und im Hinterhof desselben Hauses gab es eine Alteisensammlung. Zwar zog auch alle paar Wochen ein Mann mit einem Handkarren durch die Straßen und sang sein dröhnendes „Lomba, Babier, Aldeise", die ambulante Version unserer heutigen Wertstoffsammlung. Doch wenn wir Kinder Glück hatten und irgendwelche Metallabfälle auftreiben konnten, rannten wir damit hinüber zu dem kleinen Schuppen hinter dem Schuhmachergeschäft und tauschten unsere Schätze gegen ein paar Pfennige ein.

Doch zurück zum Haus. Im Untergeschoss waren Abstellräume und zur Seite hinaus die „Schürzenfabrikation" meiner Großeltern. Meine Großmutter stand dort den ganzen Tag an einem Tisch von der Größe einer Tischtennisplatte und schnitt mit einer riesigen Schere, die mich immer bedrohlich an Bilder aus der „Daumenlutscher"-Geschichte im „Struwwelpeter" erinnerte, dicke Stoffbahnen zu und rief dann nach uns, damit wir die zugeschnittenen Teile zu einer Näherin nach Hause tragen sollten, während im Nebenraum mein Großvater die Aufträge und die Rechnungen bearbeitete und die fertigen Schürzen, die wir von der Näherin gebracht hatten, für die Post verpackte.

Aber es ging noch tiefer hinunter im Haus, und dort wurde es gruselig. Wann immer man in den tiefen Keller geschickt wurde, schwankte man zwischen Abenteuerlust und heimlicher, nackter Angst. Denn in diesem Labyrinth von spärlich beleuchteten Gängen von denen wieder andere Gänge abzweigten die dann voll ganz ins Dunkle führten, und in den entlang der Gänge liegenden, mit Wänden aus Holzlatten abgegrenzten Kellerverschlägen der einzelnen Familien, da spürte man in der modrigen Luft die schlimmsten Gefahren und die größten Abenteuer lauern, die man sich vorstellen konnte. War man dann endlich im eigenen Kellerabteil angekommen, musste man noch einmal allen Mut zusammennehmen und voller Widerwillen mit der Hand tief in den großen irdenen Topf hineingreifen. In ihm lagerten in kaltem, glibbrigem Wasserglas, das sich kaum von der dicken, weißen Schimmelschicht an den Wänden unterschied, die Eiervorräte für den Winter. Jedes Mal malte man sich voller Grauen aus, was sich sonst vielleicht noch in diesem Topf versteckt haben könnte. Und über allem schwebte die Drohung, dass wieder einmal das

Jörg Röser auf dem (Wäschetrocken-) Plätzle und vor dem Souterrainfenster der Schürzenfabrikation Bainder im Haus 60, unter Schmid.

Licht ausgehen oder jemand die obere Kellertür abschließen könnte, so dass man verdammt war, vielleicht stundenlang im Dunkeln zu warten, bis jemand anderes das Abenteuer eines Kellerbesuchs auf sich nehmen würde.

Zum Schluss: der „Hof". Sind die einzelnen Gebäude des Wohnblocks Ludwigsburger Straße 52-60 auch in sich geschlossene Einheiten, so sind sie doch alle vereint durch den gemeinsamen Hof, der sich über die gesamte Länge des Blockes hinzieht und durch die beiden quer stehenden Abschlussgebäude begrenzt ist. Und dieser Hof gehörte uns Kindern, zumindest solange nicht irgendwo ein Fenster aufgerissen wurde und jemand wütend brüllte, wir sollten nicht so viel Lärm veranstalten ...

Mein Verhältnis zum „Hof" war immer etwas schwierig. „Wohlerzogen" von einer Mutter, die sich immer sorgte, dass die Kinder missraten könnten, nur weil die väterliche Hand fehlte, sowie von einem rasch aufbrausenden Großvater, der noch in der Kaiserzeit aufgewachsen und den damals geltenden Werten verhaftet war und denen er sich verpflichtet fühlte, einen Teil der Vaterrolle zu übernehmen. So konnte man auf dem Hof nicht bestehen beim Fußballspielen oder bei „Raiber ond Bolle". Ich musste mich also immer auf den Treppen vom Zweiten Stock bis zum Hof einer Persönlichkeitswandlung unterziehen, damit ich mich dort unten wohl fühlen konnte.

Das Schöne am „Hof" war: Man fand fast immer jemand dort, mit dem man „etwas anstellen" konnte. Ob das nun Fußball oder „Pfennigfuchsen" war, „Verstecken" oder „Spachteln", die Möglichkeiten waren fast unbegrenzt. Wobei „Pfennigfuchsen" für uns damals darin bestand, abwechselnd Pfennigstücke aus etwa einem Meter Abstand an eine Wand zu rollen (die Münzen mussten „rugeln"!), wobei dann derjenige siegte, dessen Münze am nächsten zur Wand landete.

Wolfgang Geiger

Auch die Katze von Familie Findt war sehr beliebt
v.l.n.r. Herr Find, Anneliese Otter, Jörg Röser, Heidrun Jahn,
Wolfgang Schneider

War aber niemand im Hof, gab es immer noch eine Alternative: Die Zierde des Hofs war damals ein riesiger Birnenbaum direkt vor unserem Haus. Gute, alte Gaishirtle-Birnen. Und wenn ich auf diesem Baum bis ganz nach oben kletterte und dann nach der Mutter rief, so konnte ich belustigt zusehen, wie sie sich aus dem Fenster lehnte und nach unten schaute und suchte, wo ich sei, bis sie mich auf eigener Augenhöhe auf den Ästen stehen sah und dann sorgenvoll zuschaute, bis ich wieder heil unten angekommen war.

Direkt unter dem Baum fand übrigens meistens das „Spachteln" statt. Dort war, nur spärlich mit Gras bewachsen, feuchter, oft matschiger Lehmboden. Fürs „Spachteln" brauchte man die matschigste Stelle unter dem Baum sowie dicke Holzstäbe von etwa 20 Zentimeter Länge, die man an einem Ende zuspitzte.

Die Kunst des „Spachtelns" bestand dann darin, dieses Holzstück am hinteren Ende zu packen und aus dem Stand so in den Boden zu schleudern, dass es mit der Spitze im Lehm stecken blieb. Und die noch höhere Kunst bestand dabei natürlich darin, wenn nach diesem Wurf ein schon im Lehm steckender „Spachtel" eines Gegners wieder umfiel und der eigene trotzdem stecken blieb ...

Gelegentlich sorgte der Hof aber auch für spannende anrüchige Abwechslung. In den ersten Jahren, in denen wir in der Ludwigsburger Straße 60 wohnten, war das Haus noch nicht an die Kanalisation angeschlossen. Stattdessen war vor dem Haus, normalerweise durch massive Betondeckel verschlossen, ein riesiger unterirdischer Schacht, in dem sich alles sammelte, was im Haus zuvor durch die diversen Abflussrohre geströmt war. Und alle paar Monate – wenn man den Termin vorher nicht kannte, so merkte man doch nach wenigen Minuten am bestialischen Gestank, dass es wieder so weit war – kam ein Tankwagen der TWS. Die Schachtdeckel wurden geöffnet, ein baumstammdicker Schlauch wurde im Schacht versenkt und dann lief die Pumpe an, um die ekelhafte Masse in den Tankwagen zu befördern. Natürlich lockte uns der offene Schacht an. Wir näherten uns so weit wie möglich, blickten ehrfurchtsvoll in die brodelnde Brühe dort unten und diskutierten voller Grausen, was wohl geschehen würde, wenn einer von uns in den Schacht fallen sollte, bis uns der Gestank dann doch wieder in größeren Abstand trieb.

Eine letzte Erinnerung noch: das Fahrradfahren im Hof. Eigentlich war der Hof nicht gerade geeignet zum Fahrradfahren, denn, von einem schmalen, mit Gehwegplatten belegten Streifen entlang der Gebäude abgesehen, war er mit grobem Schotter bedeckt, was man spätestens dann empfindlich spürte, wenn man zu schnell um eine Kurve gefahren war und mit den Knien voraus vom Fahrrad abstieg. Doch es war, was man heute eine verkehrsberuhigte Zone nennen würde. Kaum jemals verirrte sich ein Auto in den Hof und so war es ein geschützter Raum, vor allem auch für diejenigen, die gerade erst den Umgang mit dem Fahrrad lernten. Und daran denke ich noch heute voller Unbehagen. Wieder einmal hatte mein Großvater beschlossen, dass er die Vaterrolle übernehmen und dem Enkel das Radfahren beibringen müsse. Also konnte man etliche Nachmittage lang einem älteren Herren zusehen, wie er, mein altes schwarzes Fahrrad aus Vorkriegsproduktion fest am Sattel haltend, den Hof hinauf, den Hof hinab und dann wieder den Hof hinauf rannte und dabei den Enkel in der Theorie des Radfahrens unterwies, während der Enkel sich verkrampft auf dem Fahrrad festklammerte und ständig die Hauswände entlang die Fenster absuchte, ob doch hoffentlich niemand dieses Schauspiel beobachten würde. Die Jugendlichen von heute haben für solche Situationen den einzig passenden Ausdruck: „Mein Gott, wie peinlich!". Doch nach vielen derartigen, immer gleich erfolglosen Fahrstunden hatte ich endlich Glück. Eines Nachmittags kam ein alter Bekannter meines Großvaters vorbei und verwickelte ihn in eine Unterhaltung. Und weil es mir nach einiger Zeit langweilig wurde, nur daneben zu stehen und ihnen zuzuhören, packte ich einfach, ohne dass sie dies bemerkten, das Fahrrad und fuhr los. Ohne Fahrlehrer und Zuschauer ging es plötzlich ganz einfach... Und ich habe es bis heute nicht mehr verlernt.

Erst als ich im Sommer 2007 beim Treffen der ehemaligen Bewohner der Ludwigsburger Straße 52–60 nach vielen Jahren das erste Mal wieder den Hof entlang ging, wurde mir plötzlich klar, welche wichtige Rolle „der Block" und vor allem „der Hof" in den kaum mehr als fünf Jahren, die wir dort wohnten, für mich gespielt hat. Der lange Wohnblock mag, insbesondere für uns Kinder, von der Straße her gesehen wie eine finstere Festung, wie eine abweisende Trutzburg gewirkt haben. War man aber einmal durch den Torbogen hindurch gegangen, fanden wir uns eher in einer Schutzburg, in einem Raum, der uns, und vor allem uns Kindern, gehörte und uns zusammenhielt.

Du glückliche Hofzeit und meine Erlebnisse mit dem geschenkten Fahrrad

von Helmut Gottmann
Jahrgang 1943, ehem. Haus 58

Wie viele andere Kinder habe ich auch nur nette Erinnerungen an unseren Block und das Höfle. Da ich nicht unbedingt der große Redner oder Erzähler bin, möchte ich mich aber trotzdem mit ein paar Geschichten oder Anekdoten beteiligen.

Meine Eltern sind wie viele unserer Mitbewohner 1928 in den Block eingezogen. Sie kamen aus Mosbach (Neckar/Odenwald), mein Vater arbeitete als Versandleiter bei der Firma Boehringer in Zuffenhausen. Ich hatte noch zwei ältere Schwestern, *Marga* Jahrgang 1927 und *Gertrud* Jahrgang 1931. Leider durfte ich *Gertrud* nicht kennen lernen, denn sie kam im Dezember 1937 auf dramatische Weise ums Leben. Meine Eltern gingen mit meinen Schwestern und einer Tante spazieren. Auf dem Heimweg kam ein Metzger mit seinem Viehanhänger auf der Höhe der Metzgerei Frankenreiter auf schneeglatter Straße ins Rutschen und fuhr in die Fußgängergruppe. Meine jüngere Schwester und die Tante waren sofort tot, meine Schwester *Marga* und meine Mutter wurden schwer verletzt. Nur mein Vater, der wenige Schritte vorausgegangen war, blieb unverletzt. Über ein Jahr waren meine Schwester und meine Mutter im Krankenhaus und hatten zeitlebens mit dem Gehen Probleme. 1943 kam ich dann am Abend des 23. Dezember im Marienhospital als einziger männlicher Säugling auf die Welt und wurde deshalb am Heiligen Abend als Christkind von den Schwestern durch die Gänge getragen. Es erklärt vielleicht, warum ich als Nachzügler sehr behütet und übervorsichtig von meinen Eltern erzogen wurde.

Trotzdem hatte ich nicht wie viele der anderen Kinder Angst vor dem Keller in unserem Haus. Im Gegenteil, dort war ich

v.l.n.r.: mit Helmut Gottmann als Rotkäppchen, Heidrun Jahn, Jörg Röser

sehr gerne, denn im Souterrain befand sich die kleine Werkstatt meines Vaters. Ich hatte gar keine Zeit Angst zu bekommen, denn zwischen den vielen Werkzeugen und der Vorstellung, was man damit alles anfangen konnte und vielleicht auch tat, vergaß ich alles um mich herum, auch den „Krawuzgeti", vor dem wir am Abend als kleine Kinder gewarnt wurden, wenn wir nicht nach Hause wollten.

Gerne erinnere ich mich auch daran, dass *Peter Schmid* von dem kleinen Abhang hinter dem Haus eine Rennbahn baute, die mit Zement ausgefüllt wurde. Darauf ließen wir unsere kleinen Autos bis zu Wiese herunter rasen und fühlten uns wie Rennfahrer Bieberle. Im Sommer wurde die Platte, auf der sich die Eisenbahnanlage befand, einfach umgedreht und zur Tischtennisplatte umfunktioniert und wir hatten dann viel Spaß damit.

In den Sommerferien wurde es dann doch etwas ruhiger in unserem Höfle. Einige von uns Kindern gingen schon entweder mit den Eltern in die Ferien oder wurden zu Verwandten aufs Land geschickt. Ich freute mich schon riesig darauf zu Onkel und Tante in den großen Ferien nach Mosbach zu fahren. Dort traf ich dann noch einen gleichaltrigen Vetter und ich durfte schon mit 10 Jahren alleine mit dem Traktor meines Onkels fahren. Darauf war ich mächtig stolz. Mein Vater, der in seiner Firma auch für die Lastwagenrouten und für den Versand verantwortlich war, achtete früh darauf, dass am ersten Ferientag der Sommerferien ein Lastwagen Richtung Mosbach fuhr. Dieser nahm mich dann mit und lieferte mich bei meiner Tante und Onkel bis zum Ende der Sommerferien ab, dann wurde ich wieder auf dem gleichen Weg zu Hause abgeliefert.

Die Lastwagenfahrten nach Mosbach hin und zurück gehörten mit zu meinen schönsten Ferienerlebnisse, die dann dadurch beendet wurden, dass ich älter wurde und von der *Familie Zierle* das Fahrrad ihres gefallenen Sohnes geschenkt bekam. Dies war für mich eine riesige Freude, denn ein eigenes Fahrrad zu besitzen, war in dieser Zeit schon etwas ganz besonderes. Es war ein schwarzes Fahrrad mit richtig breiten Reifen und ich fuhr mit ihm bestimmt einige tausend Kilometer durch die Schweiz, Österreich, Luxemburg und an der Mosel entlang. Die Moselfahrt ist mir noch recht gut in Erinnerung, denn unterwegs ging die Gangschaltung kaputt, die Gabel brach entzwei und als ich nach meiner Ankunft im Hof noch mal eine Runde ohne Gepäck drehen wollte, krachte auch noch der Lenker weg. Ich hatte wirklich großes Glück, dass dies nicht unterwegs geschehen war, das hätte sicher böse ausgehen können. Nichtsdestotrotz wurde alles wieder repariert und ich fuhr noch bis Ende der 60iger Jahre mit dem gleichen Fahrrad und der gleichen Jungendgruppe viele Touren. Das Fahrrad, das mir so viel Freude bereitet hatte, gibt es zwar schon lange nicht mehr, aber die Gruppe gibt es heute noch und vor kurzer Zeit sind wir wieder die gleiche Moseltour von damals gefahren.

Gerne erinnere ich mich auch an unsere nette Hausgemeinschaft. Bei *Frau Narr* durften wir Kinder des öfteren fernsehen und ich revanchierte mich, indem ich den älteren Herrschaften die Kohlen aus dem Keller in die Wohnungen brachte. *Frau Narr, Frau Volz* und *Frau „Schuhpfisterer"* füllten tagsüber unten im Keller ihre Kohlenfüller und ich trug sie dann abends nach oben. Das machte ich noch immer, als ich schon verheiratet war und nicht mehr im Block wohnte. Da ich bei der Firma

Helmut Gottmann

Scheer in der Friedrichswal arbeitete, aß ich immer bei meiner Mutter noch zu Mittag und danach brachte ich für die Damen täglich die Kohlen in die Wohnung. Wie gesagt, der Block, das Höfle, die Mitbewohner auch Spiele und Streiche von damals sind mir noch in guter Erinnerung und ich denke, man könnte vielen Kindern von heute wünschen in einer solchen Umgebung aufzuwachsen.

Frau Narr erzählte uns einmal, dass sie längere Zeit einen Untermieter aus dem hohen Norden bei sich wohnen hatte. Als dieser wieder zu Hause war, schickte sie ihm einen selbstgebackenen Hefekranz mit Rosinen. Kurze Zeit später kam ein Dankesbrief zurück: „Vielen Dank für den Hefekranz, er schmeckte mir hervorragend, besonders köstlich war er, als ich noch Leberwurst darauf schmierte!"

Glückliche Rückkehr in die Ludwigsburger Straße

von Gerhard Künzel
Jahrgang 1930, ehem. Haus 56

Kriegserlebnis am Kriegsende 1945

Im Januar 1944 wurde meine Schulklasse nach Aalen evakuiert. Dort hatten wir in der Schule regelmäßigen Unterricht bis Anfang Frühjahr 1945, als das Schulgebäude zum Lazarett umfunktioniert worden war. Die Schulleitung versuchte allerdings, den Unterricht in einer Aalener Gaststätte fortzuführen. Die Unzulänglichkeiten machten sich jedoch bald bemerkbar. Das Interesse am Schulunterricht ließ nach, da das Tagesgeschehen wichtiger war und der Unterricht schließlich ausfiel. Unser Klassenlehrer riet uns, entweder nach Stuttgart zu den Eltern zurückzukehren oder bei Verwandten auf dem Lande Unterkunft zu suchen.

Da keine Eisenbahnzüge mehr verkehrten, war ein Nachhauseweg nur in der Nacht per LKW möglich. Schließlich bin ich in mehreren Etappen in Zuffenhausen angekommen.

Auch in Zuffenhausen war in der Horst-Wessel-Schule, später Hohensteinschule, heute Robert-Bosch-Schule, der Schulbetrieb eingestellt worden. Die Amerikaner hatten längst den Rhein überschritten. Die Franzosen kamen über den Schwarzwald Richtung Stuttgart. Die Ereignisse nahmen ihren Lauf. Eine aufregende Zeit nicht nur für uns 14- bis 15-Jährige.

Gerhard Künzel 1944

Trotz der Gefahren durch amerikanische Tiefflieger traf ich ab und zu die Freunde, die Schulkameraden. Bei einem solchen Treffen wurden wir informiert, dass wir uns bei einer neu aufgestellten Volkssturmtruppe zu melden hätten. So kam ich zum Volkssturm. Wir waren kaserniert in den Schulräumen der Horst-Wessel-Schule und hatten zunächst die Aufgabe, Panzersperren zu bewachen.

Da ich inzwischen zum „Melder" befördert worden war, war ich bei Schießübungen und der Ausbildung an der Panzerfaust in einem Zuffenhausener Steinbruch nicht mit dabei. Als die Lage schließlich brenzlig wurde, befahl unser Leutnant am 20. April 1945 den Abmarsch von Zuffenhausen.

Unsere mit Handwagen, ich mit Fahrrad, ausgerüstete Elitetruppe setzte sich in Marsch über den Pragsattel in den Rosensteinpark. Als ich zu einem älteren Volkssturmmann sagte, dass ich unbewaffnet wäre, erhielt ich die Antwort: „Komm Bub, no nimmscht halt mei Gwehr."

Im Rosensteinpark hatte ein Späher erkundet, dass sich auf dem Cannstatter Neckarufer bereits amerikanische Panzer befanden. Unser Leutnant, in Erkennung der Situation, rief deshalb seine Truppe zusammen und stellte uns vor die Wahl, entweder mit ihm weiterzugehen oder nach Hause zurückzukehren. Eine Entscheidung, die in damaliger Zeit unüblich war, eine Entscheidung, die ich noch heute bewundere. Dafür bin ich ihm dankbar. Ich war mit vielen anderen bereit, nach Hause zu gehen. Wir flohen so rasch wir konnten, überstiegen den Zaun der Fortunawerke, kamen auf das Burgholzhofgelände, das damals noch nicht bebaut war, und trennten uns dort. Ich ging in meine Richtung nach Hause und zog mich um. Meine Uniformjacke, die so genannte „Sarrasanni", die eigentlich für die Berliner Garde geschneidert worden war, versteckte ich in unserem Bücherschrank hinter den Büchern.

In Zivil bin ich in den Stollen am Mönchsberg gerannt, wo sich meine Eltern und meine Schwester zusammen mit den anderen Hausbewohnern aufhielten. Ich bin herzlich empfangen worden. Meine Eltern waren natürlich erleichtert.

Kaum eine Stunde später waren die Franzosen, marokkanische Truppen, in Zuffenhausen eingedrungen. Sie waren teils auf kleinen, klapprigen Pferden, teils zu Fuß gekommen. Es waren harte, verwegene Männer in langen braunen Mänteln, die bis an die Knöchel reichten. Sie hinterließen nicht unbedingt den Eindruck, Soldaten einer siegreichen Armee zu sein.

Für mich und für uns ging der Krieg zu Ende. Die Gefahr war überstanden. Was mit der Uniformjacke geworden ist, entzieht sich meiner Kenntnis. Meine „Sarrasanni" habe ich nicht wieder gesehen. Wahrscheinlich wurde sie von einem übervorsichtigen Hausbewohner verbrannt.

Eigentlich hatte ich das Erlebnis längst verdrängt, wenn ich nicht kürzlich auf die letzten Kriegstage angesprochen worden wäre. Schließlich ging es für mich gut aus. Es hätte auch anders kommen können, wie bei manchem meiner Schulkameraden.

Der Hof, seine Häuser, seine Menschen und der beleidigte Dackel Waldi

von Gertrud Wolf, geb. Sturm
Jahrgang 1956, ehem. Haus 52

Gleichaltrige Kinder gab es in unserem Hof keine. Die, mit denen ich am meisten zu tun hatte, waren *Jürgen Baumann, Sabine Enke, Uwe?, Herbert Erlenbusch* (aus Nr. 62), *Wolfgang Weiss, Ruth* und *Elsbeth Stolper, Gabi Josenhans* und ihre Geschwister.

Sandkastenspiele im Jahr 1963

Die Jungs wie Andreas und Martin Mayer, Thomas Käser, Thomas Enderlein, Hans-Peter Enke waren wohl etwas älter und zu der Zeit nur noch ganz selten im Hof. Es war natürlich auch immer mal wieder Besuch da.

Der Hof

Zum Zeitvertreib spielten wir Verstecke, Fange, Seilhüpfen, Kreide-Hüpfspiele, Federball, Roller, Rad, Rollschuhfahren, Flummis flogen bis hinauf zum Dach.

Verbote gab es jede Menge: Nicht auf Wäschestangen, Teppichstangen und Geländer herumturnen. Nicht durch das Gebüsch laufen und schon gar keine Lägerle bauen. Die Einfahrt nicht runterfahren. Nicht die Abkürzung vom Trockenplatz zur Wiese über die Mauer oder über den Zaun nehmen.

Auf dem Trockenplatz mit Dorothee Hirzel zwischen Haus 54 und 52

Gertrud Sturm auf dem Weg zur Siedlung: „Ab marsch", aber unter strenger Bewachung von den Metzgershunden der Familie Ossmann

Besonders aufgepasst haben auf uns die Herren *Lausmann* und *Gottmann*. Wir hatten großen Respekt vor ihnen.

Auch *Schmids* Hund Waldi hat auf uns aufgepasst, sobald wir in den unteren Teil des Hofes kamen. Als mein Vater einmal mit dem Moped durch den Hof fuhr, hat der Waldi sich an seiner Hose festgebissen und bis zum anderen Ende des Hofes nicht mehr losgelassen.

Der Sandkasten war für uns große Klasse, den konnte man so richtig durchbuddeln.

Gertrud Wolf, geb. Sturm

Pool im Höfle

Vorgärten

Diese waren, aus welchen Gründen auch immer, für Kinder tabu. Trotzdem haben wir – vorher wurde natürlich Ausschau gehalten – die Veilchen und die roten Blüten der Bäume gepflückt und sind auf den Mauern gesessen.

Die Bäume haben mir immer sehr gut gefallen, nirgends mehr habe ich solche gesehen. Eine besondere Spezialität war, aus allein stehenden Grasbüscheln mit der Schere Bubiköpfe zu schneiden.

Wiese

Das Gras war im Sommer immer recht hoch. Man konnte dort Pfade und Liegeflächen reintrampeln, was nicht überall gut ankam.

Große Blumensträuße haben wir gepflückt, bis zuhause die Vasen voll waren. Die weißen Schafgarben waren immer voll mit Läusen. Bäume wurden erklettert, in die wir „Brettle" zum Sitzen nagelten.

Während eines Sommers erntete ich einen Birnbaum ab. Mit Eimern habe ich die Birnen in den 3. Stock hoch getragen, um meiner Mutter eine Freude zu machen. Sie sah dies allerdings etwas anders. Behalten hat sie die Ernte trotzdem und alle Birnen eingemacht.

Im Winter wurde auf dem Weg zur Siedlung Schlitten gefahren und auf der Wiese bauten wir Schneemänner. Allerdings kamen da immer wieder die „bösen Jungs" aus der Siedlung und haben alles kaputt getreten. Vor ihnen hatten wir Angst.

Im Frühling bastelten wir Blumenkränze für die Haare und schnitten aus Löwenzahn „Schillerlocken".

Treppenhäuser

Rein gehen – dann horchen, ob niemand aus der Tür kommt – nach oben schleichen – und dann möglichst viele Stufen auf einmal hinunter springen und sich dabei nicht erwischen lassen, das war schon eine Mutprobe.

Abends und ich glaub auch sonntags wurden immer die Haustüren abgeschlossen. Zwischen den Frauen gab es immer mal wieder Diskussionen über geöffnete bzw. geschlossene Treppenhausfenster.
Eine alte Dame, welche neben uns wohnte, konnte nur schwer die sechzig Stufen nach oben gehen und stellte sich deshalb einen Stuhl in die Mitte und machte dort ihre Pause.

Bühne

Unterm Dach befand sich ein großer Trockenplatz. Während eines sehr verregneten Sommers durften wir unsere Spiel- und Bastelecke dorthin verlegen. So hatten wir auch unseren Spaß.

Gertrud Wolf, geb. Sturm

Keller

Vom 3. Stock unten angekommen und oben vergessen das Licht anzuschalten – hieß –, den ganzen Weg nochmals machen. Gerne ging ich nicht in diesen Keller, aber ich hatte ja die jüngsten Beine, um Holz, Kohle und Briketts aus dem Holzstall zu holen. Dann war da ja noch der tiefe Keller, in dem lagerten Most, Wein, Schnaps, Säfte, eingelegte Karotten und Eier. Es war jedes Mal ein unbehagliches Gefühl, die große Eisentür mit dem ungewöhnlichen Hebel zu öffnen. Man konnte ja nie wissen, wer oder was einen dahinter erwartete, besonders nachts.

Im oberen Keller wurden Zimmer vermietet. Eines Tages zog dort „mein 1. Italiener" ein. Seine Tür hatte oben ein Fenster und er war wohl abends oft zu Hause. Wenn ich dies sah, konnte ich beruhigt in den Keller gehen.

Die Maschinen in der Waschküche fand ich immer interessant. Diese wurden aber nicht mehr lange benutzt.

Familie Brätsch

Der Oberministerialrat und seine Frau wohnten unter uns. Dort durfte ich viele Stunden verbringen. Sie hatten eine Schreibmaschine, Lexikon-Bände, dick in Leder gebunden, einen Globus und einen großen Sessel mit Stehlampe im Herrenzimmer, in den ich sitzen durfte. Seine Frau zeigte mir das Klavierspielen und mit großen Augen bewunderte ich ihr Porzellan, ihren Schmuck und die Pelze. Im Gegenzug ging ich für die beiden einkaufen.

Familie Josenhans

Sie sind erst später zugezogen. Dort habe ich mich sehr wohl gefühlt. Mit ihrer Tochter *Gabi* bin ich heute noch befreundet. Sonntags schickte mich meine Mutter oft in die Kirche. Aber ich lief außen um den Block herum, habe dann hinterm Fallrohr durchgeguckt, ob mich niemand beobachtet, dann schnell rein ins Treppenhaus und die gewonnene Zeit bei *Familie Josenhans* verbracht.

Mein Zuhause

Damals ein flottes Radio mit Vitrine

Unsere Küchenzeile: Herd mit Schüttstein und Terrazzofußboden

Kleine Episoden

nacherzählt
von Heidi Gühring, geb. Zierle
Jahrgang 1947, ehem. Haus 56

Bei der Sammlung der Geschichten aus unserem „Höfle" habe ich noch viele andere Begebenheiten und Erinnerungen von ehemaligen Mitbewohnern und aus deren Jugend erfahren. Sie kommen in ihren eigenen Erzählungen nicht vor, aber sie sind es dennoch wert, aufgeschrieben und nacherzählt zu werden.

Das Grenzbächle

Im Sommer, wenn es heiß war, gingen wir gerne hinunter zum Grenzbächle, dem Feuerbach. Das war für uns ein toller Treffpunkt. Wir badeten in diesem schmutzigen Abwasser unsere Füße und oft nicht nur diese. Es war für uns ein herrliches und auch interessantes Badevergnügen. Wenn dann hin und wieder des Bächles festere Bestandteile vorbeigeschwommen kamen, rief immer jemand: „Aufpassen!!!" und dann sprangen wir schnell aus dem Bach. Dieser stank fürchterlich, was wir natürlich im Spieleifer nicht bemerkt haben, nur unsere Eltern wussten am Abend sofort, wo wir gespielt hatten. So wie ich mich aber erinnern kann, ist niemand an einer Allergie erkrankt. Alle Jahrgänge, die am oder im „Grenzbächle" gespielt haben, erinnern sich gerne an dieses Gewässer.

Unsere Schwimmbäder

Die jüngeren Kinder durften im Sommer auch mit den älteren Geschwistern oder Freunden aus dem Hof auf die „Schlotwiese" ins Schwimmbad. Das war natürlich eine tolle Sache, denn bei den unterschiedlichen Altersgruppen war auch immer jemand dabei, der einige Zeit auf die Kleineren aufpasste, mit den Nichtschwimmern herumplanschte oder sie zum Spaß ins niedere Wasser schupste. Das konnte aber auch manchmal verhängnisvoll werden, wenn der ältere Bruder und dessen Freund plötzlich keine Lust mehr zum Aufpassen hatten, die kleine Schwester ins Wasser warfen, ohne darauf zu achten, dass diese versehentlich im „Schwimmer" gelandet war, und dann einfach wegliefen. Gott sei Dank ist ja nichts passiert.

Als man älter wurde, war das Schwimmbad auf dem Killesberg interessanter geworden. Wir pilgerten nach der Schule zusammen dort hin mit reichlich Proviant von unseren Müttern ausgestattet, der dann oft untereinander ausgetauscht wurde. Abends kamen wir dann todmüde, aber glücklich wieder zuhause an und unsere Eltern mussten uns an diesen Tagen nicht mahnen, ins Bett zu gehen. Immerhin kamen zu unseren sportlichen Verausgabungen im Schwimmbad auch noch Hin- und Rückmarsch von der Ludwigsburger Straße zum Killesberg hinzu.

Die Sauerkrautfrau

Die Älteren unter den Mitbewohnern erinnern sich sicherlich auch noch daran, dass im Herbst eine Frau zu uns kam, die das Sauerkraut für die Mitbewohner in der Waschküche hobelte, die ihr eigenes Sauerkraut einlegen wollten. Der Geruch zog sich dann durch das ganze Haus.

Auch erinnere ich mich an eine rundliche, kleine Frau, die mehrmals im Jahr in den Hof kam und verschiedene Fässchen mit Speiseöl auf ihrem Handwagen hinter sich her zog. Mich hatte das immer fasziniert, wie das Öl dickflüssig und goldgelb in ehemalige Sprudelflaschen abgefüllt wurde, die unsere Mütter mitgebracht hatten.

Der musikalische Hof

Manchmal kamen auch Straßenmusikanten oder Sänger in den Hof, insbesondere direkt nach dem Krieg. Es waren oft ausgemusterte Soldaten, noch in Teiluniform oder gar in Lumpen, auf dem Rückmarsch in ihre Heimat. Wir Kinder standen dann staunend vor ihnen und hörten ihnen zu oder blickten sie etwas ängstlich an, wenn ihnen Arme oder Beine fehlten, die sie im Krieg verloren hatten. Im Block gingen dann die Küchenfenster auf und es wurde ein „Zehnerle" für die Musikanten in den Hof geworfen, fein säuberlich in ein Stück Zeitungspapier eingewickelt. Manchmal gab es aber auch eine warme Suppe als „Wegzehr" für die armen Kerle.

Besonders interessant war für uns ein Musikant mit der „singenden" Säge. Das war eine große Säge, die er zwischen dem linken Arm und zwischen den Beinen festhielt und mit einem Geigenbogen in der rechten Hand zum Schwingen brachte. Damit erzeugte er Töne und konnte richtige Melodien spielen.

Die Holzsäge

Apropos Säge, sicherlich erinnern sich noch viele daran, dass eine fahrbare Bandsägemaschine zu uns ins Höfle kam. Vor dem Krieg und auch danach wurde ja sehr viel mit Holz geheizt, es wurde in Raumetern gekauft oder im Wald gesammelt. Dann wurde *Herr Waidelich* mit seiner fahrbaren Säge bestellt, mit der er mit Geknatter in unser Höfle fuhr. Dies war ein selbstfahrendes Gefährt auf vier Rädern, auf denen die Bandsäge montiert war. Das Ganze wurde von einem Motor mit einem großen Schwungrad über einen Transmissionsriemen angetrieben. Auf der Metallplatte saß vorne der Säger und lenkte dieses seltsame Gefährt, Lenkstange und Lenkrad waren senkrecht angebracht. Als dann die Amerikaner zu uns nach Zuffenhausen kamen, sind sie diesem Gefährt oft staunend nachgerannt und haben sich halb totgelacht, sie dachten, dass dies ein besonderes altes Auto sei. Bestimmt gibt es in Amerika noch Fotos von *Herrn Waidelich* und seiner fahrbaren Säge, denn sie war ein beliebtes amerikanisches Fotoobjekt.

Bei uns war immer etwas los und wir Kinder sahen gerne beim Sägen zu und manchmal durften wir auch mithelfen, das gesägte Holz wegzuräumen.

Die Wintervergnügungen

Im Winter war bei allen Schlittenfahren und Skifahren angesagt. Alle Altersklassen waren wieder dabei. Der Wannenbuckel, der vom Burgholzhof an den Weinbergen bis hinunter zum E-Werk führte, war zum Schlittenfahren bei allen sehr beliebt. Vor lauter Begeisterung vergaß man oft das mitgebrachte Butterbrot zu essen, das man später eigentlich nur noch lutschen konnte, weil es total gefroren war.

Zum Schlittschuhlaufen war der Tennisplatz auf der Schlotwiese der geeignete Ort für uns. Der Tennisplatz wurde bei Minusgraden bewässert und auch da achteten die Großen auf die Kleinen und hielten sie an der Hand, bis sie einigermaßen, wenn auch wackelig, auf ihren Kufen standen. In der Wintersaison hatte der Schuhmacher dann etwas mehr zu tun. Er musste die Sohlen an unseren Stiefeln wieder befestigen, denn diese wurden durch das Festschrauben der Schlittschuhe oft sehr schnell lose. Es gab ja damals keine Schlittschuhe mit passenden Stiefeln, so wie heute. Die Kufen wurden an unseren ganz normalen Winterstiefeln festgeschraubt und zusätzlich mit Lederriemen an den Knöcheln festgebunden.

Heidi Gühring, geb. Zierle

Die Fenster mit dem Ausblick zum Hof

von Andreas Mayer, Jahrgang 1953
und Martin Mayer, Jahrgang 1954
beide ehem. Haus 54

Fenster Möbus, Erdgeschoss, Haus-Nr.-52 mit Blick zum Hof

Endlich waren die Hausaufgaben gemacht und ein Blick aus dem Fenster in den Hof sagte uns, dass bereits *Jürgen Volpp, Jürgen Baumann* und *Thomas Enderlein* mit den Hausaufgaben fertig waren und auf ein Fußballmatch warteten. Also Lederkugel geschnappt und in den Hof gerannt.

Spiel wie üblich auf ein Tor. Das waren beim Haus 52 die Fenster zur Waschküche, die mit Gitter abgedeckt waren. Apropos Gitter, die Fenster über der Waschküche waren ohne Gitter und gehörten zur Wohnung von *Frau Möbus*. Ihr ahnt wohl schon die Story.

Jawohl, in der zweiten Halbzeit zog einer vom Leder und konnte den Ball nicht mehr flach halten und traf die Scheibe von *Frau Möbus*.

Wer jetzt glaubt, dass es hier Knatsch[17] gab, weit verfehlt. Wir bauten zum wiederholten Male das Fenster aus, gingen damit zum Glaser, warteten auf die Reparatur der Scheibe und brachten diese eine Stunde später wieder zurück. Nach dem zweiten Scheibenbruch schlossen unsere Eltern dann doch eine Haftpflichtversicherung ab, so dass der nächste Schadensfall dann bereits Sache der Versicherung war.

---

[17] Ärger

Fenster Hirzel, 2. Stock,
Haus Nr. 54 mit Blick zum Hof

Herbst. Kastanienzeit. *Rolf Lausmann* schaut aus dem Fenster über *Familie Hirzel* unserem Treiben zu. *Andreas* hatte die Idee, eine Kastanie zu Rolf hochzuwerfen. Der zweite Stock bedurfte großer Anstrengung. Mit voller Wucht flog die Kastanie nach oben, kam nicht bei *Rolf* an, kam aber auch nicht zurück. Nach kurzer Irritation entdeckten wir ein kleines kastaniengroßes Loch im Schlafzimmerfenster bei Familie Hirzel.

Routinemäßig läuteten wir bei Hirzels, um die Scheibe wie gewohnt zum Glaser zu bringen. Diese hatten von diesem Einschlag überhaupt nichts mitbekommen. Eine Stunde später war die Scheibe, wie immer ohne Farbe auf dem Kitt, wieder im Rahmen.

Blechgaragen
unterhalb vom Hof bei der Wiese

Unterhalb des Hofes standen vier Blechgaragen mit Zufahrt über einen fein geschotterten Privatweg. Dieser Weg war Bestandteil unserer täglichen Radrunden. Insbesondere konnte man auf diesem Weg die Länge der Bremsspuren sehr gut ermitteln. Dies hatte einen wirklichen Anreiz zur täglichen Steigerung noch größerer Bremsspuren. Im Wesentlichen gab es keine Probleme, sofern die Bremsspuren nur bei den ersten drei Garagen auftraten.

Die vierte Garage gehörte *Herrn Elb*, der in seinem Bereich partout Bremsspuren nicht spaßig fand und auch kein Befahren duldete. Im einfachsten Fall gab es eine lautstarke Wortmeldung aus dem 3. Stock bei Haus Nr. 56. Das fanden wir alle toll und blieben natürlich auf seinem Weg. Kritisch wurde es, wenn er dann persönlich hinter seiner Garage auftauchte. Keine Sorge,

Handgreiflichkeiten gab es nie. Vorsorglich war dann Flucht angesagt. Wir fanden es hinterher aber sehr fair, dass er unsere Eltern damit nie behelligte.

Im Bild die erste der vier Garagen, unweit Haus 52

Die „reingeschmeggte Heidrun"

oder

Wie wir ins Höfle reingeschmeggt sind,
oder reingeschmeggt haben,
oder reingeschmeggt wurden

> von Heidrun Schultz, geb. Jahn
> Jahrgang 1944, ehem. Haus 60

Also ich bin eine Reingeschmeggte – zweisprachig aufgewachsen – hochdeutsch und schwäbisch. Ein Teil meiner Familie – Mutter, Großmutter, Tante, 3 Säuglinge und 2 Kleinkinder – musste 1945 Breslau verlassen und hatte sich auf die Suche nach dem Hölfe gemacht und ist nach einjähriger Kriegswanderschaft dort im Höfle eingetroffen.

Die Höfles-Suche war wegen der Familie Knoblich, die im Haus Nr. 60 wohnte und mit der wir fast verwandt geworden wären, wenn der blöde Krieg nicht gewesen wäre, der die Verbindung zwischen Knoblichs Sohn und meines Vaters Kusine durch „Gefallen fürs Vaterland" jäh getrennt hatte. Stuttgarts Höfle wurde so für uns zum Fixstern im Westen, zur Hoffnung und zum hoffentlichen Wiedersehen mit Vater, Großeltern und Tanten.

*In unserer Wiese
hinter dem Haus*

Das Höfle hat fast alle Erwartungen erfüllt. Vater kam irgendwann mit dem Fahrrad an, die lieben *Knoblichs* überlie-

Heidrun Schultz, geb. Jahn

ßen uns die Wohnung und zogen in die Nr. 52. Frau Röser, Frau Euchner, Frau Schmid brachten Tassen und Teller und andere Dinge. Das ist es, an was ich mich erinnere.

Heidrun Jahn auf dem Weg auf den Vorplatz von Haus 6. Querbau mit Torbogen. Im Hintergrund die Hohensteinschule

Heidrun Jahn. Hier endete unser Hof (Tor zum Garten und Nachbarhaus)

Und so ging es weiter, mit Kinderfreundschaften und Kinderspielen mit *Suse* und *Monika* und *Ursel* und *Klaus* und *Axel* und *Ute* und *Helmut* und *Ingeborg* und *Klein-Heidi* und *Klein-Jörg*. Es war eine schöne Zeit, mit ganz viel frischer Luft, mit aufgeschlagenen Knien, weil die Rollschuhe nicht an den Schuhen hielten, mit Bauchweh von sauren, unreifen Äpfeln und mit Völkerball mit den Großen.

Als meine Schulzeit zu Ende war, bin ich rausgeschmeggt und komme gern zurück als Gast und zu Besuch bei Freunden.

Nach H. E. Schramm „Schwäbisch für Reingeschmeckte" ist der Begriff „Reingeschmeggte" versöhnlich gemeint, sonst würde man von „Hergeloffenen" reden. Auch wenn wir zum Höfle viel „geloffen" waren, gehörten wir zu den „Reingeschmeggten", was mich froh und dankbar stimmt.

Susanne Euchner an der Trockenstange von Haus 60 und unser geliebter Mostbirnenbaum

Heidrun Jahn und Monika Otter beide aus Haus 60

Heidrun Schultz, geb. Jahn

Heidrun Jahn in schicken Kleidern

„Zugang für die Schlauchartillerie" Güllegrube vor Haus 60

Fasching:
Jörg Röser und Heidrun Jahn

Unser geliebter Waldi

Heidrun Schultz, geb. Jahn

Der Kirschbaum und die Schuco-Autos

von Gerhard Künzel
Jahrgang 1930, ehem. Haus 56

Der Kirschbaum

Eines Tages ging es im Hof unnatürlich ruhig zu. Da fragte *Kurt Metzger*: „Was machen wir heute, wer hat Vorschläge?" Da die vorgebrachten Ideen nicht richtig zündeten, sagte *Kurt* schließlich: „Wir gehen in den Garten meiner Tante, da sind die Kirschen reif."

Also verließen wir den Hof, marschierten den Feldweg hinunter zur Keltersiedlung, überquerten den Feuerbach auf dem Holzsteg, gingen entlang der Hühner- und Hasenställe. Daneben hatte ein so genannter Tierfreund einen Fuchsbau für einen eingefangenen Fuchs angelegt. Wenn der Fuchs sich blicken ließ, hatten wir unsere Freude daran.

Weiter ging es, bis wir in einem Garten den Kirschbaum erblickten. Leider war das Tor verschlossen und *Kurt* hatte keinen Schlüssel. Nichts wie über Tor oder Zaun. Das war für uns kein Problem. Dann taten wir uns genüsslich an den schönen, schwarzen Kirschen. Auf einmal stieß *Kurt* einen Schrei aus: „Der Feldschütz kommt", wir hauten ab.

Schnell ging es zurück über den Zaun oder das Tor. Wir liefen so rasch wir konnten davon. Der Feldschütz, eine etwas rundliche Natur, versuchte zunächst uns einzuholen, was natürlich nicht gelang. Nach kurzer Zeit gab er auf. Zum Glück hatte er keinen Hund dabei.

Über Umwege gelangten wir sicher in den Hof zurück. Wir hatten wieder einmal ein Abenteuer erfolgreich bestanden. Jetzt wurde *Kurt* auf die Besitzverhältnisse des Gartens angesprochen. Voller Überzeugung meinte er, dass es wahrscheinlich der falsche Baum gewesen war. Er hätte sich vielleicht geirrt, seine Tante hätte mehrere Grundstücke.

Wir hatten damit eine Lektion bekommen und dazugelernt, wie es durch geschickte Antworten möglich ist, Zweifel auszuräumen. Wer glaubt es?

Schuco-Autos

Unter den Höflekindern hatte es sich herumgesprochen, dass das Spielwarengeschäft Blumhardt im Stuttgarter Königsbau in seinen Schaufenstern Schuco-Autos ausgestellt hätte. Im Jahre 1936 waren diese Spielzeugautos für damals fünf bis siebenjährige etwas ganz Besonderes. Diese Autos musste man unbedingt sehen. Also nichts wie hin.

Eine Fahrt mit Straßenbahn war völlig ausgeschlossen. Das ging keinesfalls. Es blieb nur, zu Fuß nach Stuttgart zu gehen. So machten sich sieben Jungen und Mädchen auf dem langen Weg. Bei Blumhardt angekommen, wurden die Nasen voller Erstaunen an den Schaufenstern platt gedrückt. Anschließend also nochmals ca. 6 km Weg zurück zum Block. Auch das ging gut, wenngleich sich auf dem Rückweg unser langer Marsch endlos hinzog.

Während wir unterwegs waren, war verständlicherweise im Hof stundenlang eine nie da gewesene Ruhe eingekehrt. Den Eltern kam dies ungewöhnlich und äußerst verdächtig vor. Nachdem nach unserer Rückkehr dem Hof wieder Leben eingehaucht war, gab es viele Fragen über unsere Abwesenheit, die wir in weiser Zurückhaltung elegant beantworten konnten. Für die, die dabei waren, bleibt es ein unvergessliches Kindheitserlebnis.

Der Mostbirnenbaum, Frau Kluth, ihr Kiosk und die geklauten Veilchen

von Rose Hotz, geb. Künzel
Jahrgang 1936, ehem. Haus 56

Meine Lieben Spielkameraden,
denkt ihr heute auch noch manchmal an den alten Mostbirnenbaum, der hinten im Hof am Abhang bei *Schmids*, *Schumms* später *Otters*, *Jahns* und *Euchners* gestanden hat? Wenn ich im Herbst bei einem Spaziergang an einem Mostbirnenbaum vorbeikomme – sie gibt es nur noch selten – muss ich immer an früher denken. Wir alle kletterten mit viel Spaß auf diesen Baum, um dort, wie Affen so weit wie möglich oben, mit Genuss die Mostbirnen zu mampfen. Haben sie geschmeckt? Ich weiß es nicht mehr. Nur eins weiß ich noch recht gut, hinterher hatte ich schreckliches Magendrücken. So gut ich mich erinnern kann, habe ich mich seither nicht mehr an Mostbirnen vergriffen.

Auch denke ich manchmal an *Frau Kluth*, sie kam aus der Siedlung mit ihrem weißen großen Schäferhund. Sie hatte auf der anderen Seite der Ludwigsburger Straße an der Haltestelle einen Kiosk. Man fühlte sich schon groß, wenn man alleine über die für heutige Begriffe kaum befahrene Ludwigsburger Straße gehen durfte. Mit ein paar Pfennigen konnte man dort Friedel-Brause oder Eis am Stiel kaufen. Das hat alles wunderbar geschmeckt.

Vor unseren Haustüren, der Straße zugewandt, waren Vorgärten. Leider haben sie später dem starken Verkehr weichen müssen. In den Vorgärten waren immer schöne Rosenrabatten und Schwertlilien. Was mir besonders gefiel, waren die blühenden Rotdorn-Bäume. Unter ihnen wuchsen Veilchen und Gänseblümchen. Da bin ich manchmal mit einem Sträußchen und einem schlechten Gewissen nach Hause gekommen.

Die Rossbollenstory

von Marlies Wagner, geb. Jahn
Jahrgang 1938, ehem. Haus 60

Es war das Jahr 1950 oder 1952. *Hanna Schneider* und ich, *Marlies Jahn*, waren unterwegs, als ein Pferd in der Cheruskerstraße seinen – zu damaligen Zeiten – Golddünger auf die Straße warf. Ich verteidigte unseren Fund energisch gegen andere Habgierige, während Hanna nach Hause rannte und einen Eimer holte.

Wir hatten nämlich einen Garten, circa 1 Quadratmeter groß, zwischen der Ludwigsburger Straße 60 und der Hans-Vaut-Straße. Hier hatten wir Radieschen gesät, in 25 Zentimeter tiefen, ganz gerade gezogenen Gräben, Samen neben Samen. Und jetzt noch Golddung. Was würde das für eine Ernte geben. So ein Glückstag.

Aber wieder zum Anfang. Als *Hanna* mit dem Eimer ankam, begann es fürchterlich zu regnen. Wir gingen deshalb mit unserem Goldeimer die Abkürzung durch den streng verbotenen Hintereingang der Hohensteinschule. Prompt wurden wir vom „Rex[18]" erwischt und erhielten eine Strafe. Ich weiß nicht mehr, welche es war, denn es wurden im Laufe der Zeit mehrere. Aber wir nahmen es würdevoll, denn wir hatten ja die Roßbollen und waren überglücklich.

Aber alle Strapazen und Strafen nutzten nichts, Radieschen haben wir nie geerntet oder auch nur etwas Grünes wachsen sehen. Wahrscheinlich schlafen unsere Samen heute noch tief im Erdreich unter dem jetzt betonierten Gartenbereich.

Fazit: Wenn ich heute an gut gepflegten Gartenbeeten vorbeikomme, denke ich noch immer an unsere beerdigten Radieschensamen, ich hatte und wollte auch nie wieder ein Stück Garten.

---

[18] Rektor

Einige Geschichten aus der Jugendzeit im Höfle

von Klaus Röser
Jahrgang 1943, ehem. Haus 58

Herr Schmid hatte einen Dreirad-Transporter. Eines Tages hatten *Axel Schmid* und ich die Idee, als „blinde Passagiere" bei diesem Gefährt mitzufahren. Wir haben uns an der Pritsche hinten angehängt. *Herr Schmid*, der nichts davon ahnte, fuhr die Ludwigsburger Straße hinunter. *Axel* ist rechtzeitig abgesprungen, ich war etwas zu spät dran, natürlich habe ich mir Knie und Arme aufgeschürft. Als ich heimkam, habe ich mit dem Kochlöffel noch Prügel bekommen. Völlig zu unrecht natürlich … (?)

In einer Reklame war ein 10-Mark Schein abgedruckt. Den habe ich ausgeschnitten und so in einem Geldbeutel platziert, dass der Geldschein gerade noch zu erkennen war. Versehen mit einem Bindfaden wurde der Geldbeutel auf dem Trottoir vor der Gartentür zu Nr. 58 ausgelegt. Der Erfolg ließ nicht lange auf sich warten, es kam ausgerechnet ein Polizist vorbei. Er wollte den Geldbeutel aufheben, ich zog ihn – wie geplant – am Faden weg. Er machte das Gartentor auf, schnappte mich am Schlawittchen[19], fragte mich nach meinem Namen und klingelte bei meinen Eltern. Allerdings war ich über die Reaktion meines Vaters überrascht: es gab keine Prügel, sondern er machte den Polizisten zur „Schnecke", so nach dem Motto, ob er denn keinen Spaß verstünde. Wenn ich mich recht erinnere, habe ich damals vor Schreck etwas in die Hose gepieselt, aber das ist ja mittlerweile verjährt.

Vom Acker haben wir im Herbst immer „Angerscha" geklaut, ausgehöhlt und Geistergesichter hinein geschnitzt. Es kam dann

---

[19] Kragen

eine Kerze rein, die abends angezündet wurde. Die Geistergallerie war künstlerisch sehr wertvoll. Das Klauen der Rüben hat dem Bauern nicht gefallen und die Bearbeitung mit dem Messer fand meine Mutter nicht lustig, da der Rübensaft Flecken auf den Klamotten gab.

Alle hatten ein Fahrrad, manche sogar mit einer Dreigangnabenschaltung von Fichtel und Sachs, nur ich bekam keines. Endlich, als ich ungefähr vierzehn Jahre alt war, hat mir mein Großvater ein gebrauchtes NSU-Rad geschenkt, Baujahr so ungefähr Jahrgang 1900 und unheimlich schwer.

Mit knapp sechzehn, also 2 Jahre später, haben mir meine Eltern in das Hinterrad eine Dreigangkettenschaltung einbauen lassen. Mit diesem aufgemotzten Fahrrad habe ich dann mit der „Jungschar" über Pfingsten eine Radtour auf die Schwäbische Alb gemacht. Übernachtet haben wir im Zelt. Bei der Abfahrt vom Hohen Neuffen bin ich im Graben gelandet, zum Glück war es eine weiche Landung. Allerdings war es kein Fahrfehler, sondern das Öl in meiner Rücktrittbremse wurde heiß und dann hat die Bremse versagt. Daraufhin habe ich mir zusätzlich eine Felgenbremse hinten montieren lassen, obwohl die Rund-Felge eigentlich nicht dafür geeignet war. Aber sie hat gebremst.

Im Gang unserer Wohnung lag grünes Linoleum. Zu unserer Freude, nicht aber zur Freude unserer Eltern, hatte der Boden Verwerfungen. Weiß der Teufel warum, vielleicht waren es Kriegsfolgen. Das Linoleum war also prädestiniert für Autorennen und die Verwerfungen waren die Schanzen, die das Ganze interessanter machten.

Unser Hof war im damaligen Zustand ideal für Ballspiele. Beliebt waren unsere Federballspiele. Ähnlich gut ging das Fußballspielen. Beides war allerdings weniger beliebt bei unseren Eltern, weil es dabei sehr staubig zuging. Besonders unbeliebt war das Fußballspielen bei *Herrn Zierle*, wenn sein neuer, schwarzer Goliath im Hof stand. Da war er uns sowieso nur im Weg. Er hatte Angst, dass der Fußball Kratzer hinterlässt.

Winterzeit

Nach meiner Erinnerung hatte es in den 50er Jahren öfters Schnee, so dass wir am Burgholzhof Schlitten- und Ski fahren konnten. Viel Schnee gab es, soweit ich mich erinnere, an einem Tag im Winter 1958. Da war auf der Ludwigsburger Straße kein Auto unterwegs. Es kam nur ab und zu ein Ski-Langläufer vorbei!

Gelegentlich zeigte sich im Hof ein Straßenmusiker. Besonders beeindruckend waren die „Sägenmusiker", die auf ihrem Fuchsschwanz mit dem Geigenbogen recht ordentliche Musik zustande brachten. Nicht zu vergessen auch die Scherenschleifer, die im Hof ihre Dienste anboten.

Nicht ungefährlich waren die Angriffe der „Zigeuner". Waren es wirklich welche [*Anmerkung*: Zigeuner = *Unser Schimpfwort für die Bewohner der Siedlung, nicht rassistisch gemeint*], die mit ihren Steinschleudern zu uns herauf kamen, so dass wir uns hinter den Hecken verstecken mussten.

Mitte der 50er Jahre hat mein Vater auf einem unserer Grundstücke in Besigheim mehr als fünfzig Apfel- und Birnbäume sowie zwei Kirschbäume gepflanzt. In den ersten Jahren hatten wir kein Auto. Da haben wir im Herbst die Obstkisten mit dem Leiterwagen zum Bahnhof Besigheim gefahren und in den Zug eingeladen. Zu allem Überfluss mussten wir entweder in Bietigheim oder Ludwigsburg umsteigen, bevor wir dann im Vorortzug mit den Kisten in Zuffenhausen ankamen. Vom Bahnhof ging's dann wieder mit dem Leiterwagen in die Ludwigsburger Straße. Diese Unternehmungen waren bei uns besonders beliebt. Immerhin habe ich damals gelernt, Obstbäume zu schneiden und das kann ich heute noch, bilde ich mir zumindest ein.

Waldi und unsere Streiche

von Klaus Denzinger
Jahrgang 1946, ehem. Haus 52

Waldi

Im Ludwigsburger Block gab es in den 50er Jahren einen Hofhund. Dieser hieß Waldi, ein Rauhaardackel. Er gehörte der Familie des Ofensetzers *Schmid*. Waldi war stolz, tapfer, furchtlos und allgemein beliebt. Auch ich freundete mich mit ihm an. Wir durchstreiften zusammen die umliegenden Felder und Gärten. Hierbei ging Waldi leider häufig seiner besonderen Vorliebe nach und grub in allen möglichen Löchern nach Mäusen mit der Folge, dass danach eine größere Putzaktion fällig wurde.

Diese Freundschaft fand aber ein unerwartetes Ende. Bekannte meiner Eltern hatten einen älteren, schwarzen Schäferhund aus

*Waldi, ein „Kampfhund"
mit viel Charakter*

Waldi mit Teddy vor Haus 60

dem Tierheim geholt, mit dem ich kurz um den Block spazieren ging. Waldi bekam dies sofort mit, rannte durch die damaligen Vorgärten herbei, verbellte den viel größeren Schäferhund bis dieser den Schwanz einzog, warf mir einen zutiefst verachtenden Blick zu und entfernte sich erhobenen Hauptes und Schwanzes. Seit diesem Zeitpunkt hat er mich keines Blickes mehr gewürdigt. Alle Annäherungsversuche meinerseits wurden von Waldi nicht einmal zur Kenntnis genommen. Ein Hund mit einem außergewöhnlichen Charakter.

Streiche

Dazu gehörte das Verteilen von Abführschokolade. In den fünfziger Jahren gab es bekanntlich die so genannte Freßwelle mit den absehbaren Folgen der stetigen Gewichtszunahme. Diese mit Hilfe einer Diät – etwa FDH (friss die Hälfte) – zu bekämpfen, fiel nach dem Krieg natürlich besonders schwer. Deshalb kamen findige Zeitgenossen auf die Idee, dies mit Abführmitteln zu versuchen. Diese Mittel sind normalerweise nicht wohlschmeckend und deshalb hatten noch findigere Zeitgenossen den Einfall, diese Mittel in Schokolade, in ersten Linie Pralinen, zu „verpacken". Solche Schokolade wurde auch mal von älteren Kindern an die kleineren verteilt, als diese sich gerade in ihrem Lager im Maisfeld hinter dem Block aufhielten. Die Wirkung war im wahrsten Sinne durchschlagend.

Waldi, Oma Findt, die alte Straßenbahn und das Hausmeisterhaus der Hohensteinschule im Hintergrund

Vor dem Haus 52 mit Doris Morasch   Klaus Denzinger

Hafner Schmid ist der „Alte Fritz" und der Pfützenspaß

von Elfriede Lausmann
Jahrgang 1923, noch wohnhaft in Haus 54

Der „Alte Fritz"

Bei dieser Geschichte muss man weit in die Vergangenheit zurück gehen. Sie hat sich in der Nachkriegszeit im Hof zugetragen. Der Hof liegt an der Hinterseite der Häuser Ludwigsburger Straße 52 bis 60. Er war ein wunderbarer Kinderspielplatz: damals war er noch nicht so gepflegt wie heute und es gab auch viel mehr Kinder in allen Altersstufen als heute. Meine Kinder gehörten zu den Jüngsten.

Rolf und Ursula Lausmann

Damals brauchte man noch Teppichklopfstangen, die über den Hof verteilt waren. Um die Teppichklopfstangen und um den Sandkasten bei Haus Nummer 56 war eine Hecke in U-Form gepflanzt, die sich prima zum Versteckspielen eignete. Sie hatte auch einige kleinere Lücken. Beim eifrigen Herumspringen und Fangen hatte es *Peter Schmid* eines Tages sehr eilig und sprang durch eine Lücke. Beim Durchschlüpfen wäre nichts passiert, aber beim Durchspringen verletzte er sich an einem herausstehenden Ästchen und zog sich am Oberschenkel eine etwa acht bis zehn Zentimeter lange Risswunde zu. Es sah sehr schlimm aus und musste von einem Arzt versorgt werden.

Autos gab es damals im Haus noch fast keine. Nur *Peters* Vater, *Fritz Schmid*, der nicht erreichbar war, und *Herr Launer* besaßen eines. *Herr Launer* war zufällig daheim und fuhr *Peter* ins Robert-Bosch-Krankenhaus. Als *Peter* auf den Arzt zuging, knappte er ganz schön, denn sein Bein tat ja mit der klaffenden Wunde sehr weh. Der Arzt begrüßte ihn: „Kerle, du kommst ja daher wie der „Alte Fritz"! *Peter* guckte den Arzt verwundert an. Worauf dieser fragte: „Weißt du nicht, wer der „Alte Fritz" ist?" Darauf *Peter*: „Doch, mein Papa." Das Gelächter war groß. *Herr Launer* hat die Geschichte später erzählt, er war ja dabei. *Peter* hat die Narbe noch heute.

Der Pfützenspaß

Durch die Kriegseinwirkungen waren die Abflussrohre der Dachrinnen teilweise beschädigt, so dass das Wasser bei Regen auf den noch recht unebenen Hof plätscherte. Es gab mehrere große und kleine Pfützen. Mein Sohn *Rolf* – er war vielleicht drei oder vier Jahre alt – sollte zum Mittagessen heraufkommen. Ich schaute zum Fenster hinaus und rief ihn.

Ich traute meinen Augen kaum: er saß mitten in einer großen Pfütze und planschte rings um sich herum im Regenwasser, so dass es über ihm zusammenschlug. Er war pitsche-patsche nass.

Zum Glück hatten wir ein Badezimmer: Er kam sofort in die Badewanne, wurde blitzsauber gewaschen und frisch angezogen.

Ursula Lausmann, Rolf Lausmann und Heidi Zierle im Hof mit Sandkasten vor der 54. Zwischen den Haken an der Hauswand oberhalb der Souterrainfenster und dem Stangengerüst wurden Wäscheleinen für den großen Waschtag gespannt.

Der Ausflug in das Scilla-Wäldchen

von Ursula Dallmeyer, geb. Lausmann
Jahrgang 1943, ehem. Haus 54

Das Wohnen in der Ludwigsburger Straße 52–60 war in meiner Kindheit schön, weil viele Kinder aller Altersstufen dort zu Hause waren und es daher immer jemand gab, mit dem man im Hof spielen oder in den angrenzenden Wiesen und Feldern etwas erleben konnte.

Ursula Lausmann mit Anneliese und Monika Otter

Ein besonders herausragendes Abenteuer aus dieser Zeit ist ein Ausflug mit meinen Freundinnen *Heidrun Jahn*, *Susanne Euchner* und *Monika Otter*.

Diese Unternehmung führte uns allerdings weit über die Grenzen des „Höfle" hinaus. Wer von uns auf die Idee der Wanderung kam, ist mir heute nach fast 60 Jahren nicht mehr erinnerlich, wohl aber die Freude und Abenteuerlust, gemischt mit einer kleinen Portion Angst vor unserer eigenen Courage.

Es könnte im März oder April 1950 oder 1951 gewesen sein, ich war jedenfalls noch nicht in der Schule, als wir eines schönen Tages hinter dem Haus den Weg zwischen den Wiesen, Feldern und Gärten zum Feuerbach hinunter gingen. Wir spazierten vergnügt den ganzen Bach entlang, manchmal von einem Ufer zum anderen hüpfend. Ob wir von Anfang an wussten, dass wir zum Scilla-Wäldchen wollten, kann ich nicht mehr sagen. Kurz vor Zazenhausen jedenfalls erreichten wir unser Ziel, zu dem wir nur noch den bewaldeten Hang hochklettern mussten. Ich kannte das

Monika Otter, Heidrun Jahn und Ursula Lausmann

Scilla-Wäldchen von mancher Familienwanderung und wusste, dass es seinen Namen zu Recht trug. Der Waldboden brachte jedes Frühjahr ein Meer an herrlichen Blausternen hervor. Wir waren überglücklich über die üppigen Sträuße, die wir uns pflückten – so viele Blumen, dass unsere kleinen Hände sie kaum halten konnten.

Fröhlich traten wir den Heimweg an. Jetzt, oben am Berg, spazierten wir durch die alte „Rotwegsiedlung". Dort nahte jedoch das Unheil in Gestalt eines – für uns Vorschulkinder – riesigen Polizisten. Er hielt unsere vergnügte Mädchengruppe streng an und wollte wissen, was wir trieben. Nach unseren erschrocke-

Ursula Dallmeyer, geb. Lausmann

nen Auskünften erklärte er mit finsterer Miene, dass die Scilla unter Naturschutz stünden, es also verboten war, sie zu pflücken! Ob wir das denn nicht gewusst hätten? Hatten wir offensichtlich nicht. Er zog ein Büchlein hervor, notierte sorgfältig unsere Namen und Adressen und kündigte finster an, er werde unsere Eltern benachrichtigen.

Den restlichen Weg schlichen wir in überaus gedrückter Stimmung nach Hause: die Scilla-Sträußchen warfen wir aus Angst vor Strafe betrübt weg. Unser ganzer Elan war verflogen! Tatsächlich kam nie eine Nachricht von der Polizei – und keines von uns Mädchen wurde ins Gefängnis gesteckt, was wir uns einige Wochen lang in unserer kindlichen Phantasie ausgemalt und befürchtet hatten.

Allerdings war die Aufregung unter unseren Müttern bei der Ankunft im Hof groß. Immerhin waren wir einige Stunden verschwunden gewesen und niemand hatte irgendeine Ahnung von unserem Verbleib gehabt. Aber weil alle heilfroh waren, dass wir unversehrt zurückgekehrt waren, gab es meines Wissens keine Strafen, sondern nur Ermahnungen, nie wieder wegzugehen, ohne Bescheid zu sagen.

Lob der Hausgemeinschaft

von Erich Enke
Jahrgang 1929, ehem. Haus 52

Wir wohnten in den Jahren von 1961 bis 1990 im „Ludwigsburger Block". Wir, das waren meine Frau Maria, mein Sohn *Hans-Peter*, damals sieben Jahre alt, meine Tochter *Sabine*, eineinhalb Jahre alt, und ich. Damals herrschte Wohnungsnot und eine strenge Wohnraumbewirtschaftung, so dass wir froh waren, endlich eine große 4-Zimmer-Wohnung zu bekommen. Die bauliche Substanz des Gebäudes war gut, die Wände waren um mindestens 15 bis 20 cm stärker, als dies bei den Nachkriegsbauten der 50er Jahre üblich war. Im Winter wie im Sommer war dadurch ein angenehmes Raumklima gewährleistet. Die Lage der Wohnung nach Süden Richtung Stuttgart und nach Osten ausgerichtet, gefiel uns gut.

Die Kinder hatten im Hof und den anschließenden Baumwiesen ideale Spielmöglichkeiten. Das schönste war, dass es zu dieser Zeit ca. 10 bis 15 gleichaltrige Kinder im Hof gab. Ob Fußballspielen, Roller oder Rad fahren, Räuber und Gendarm spielen, auf den Wiesen „Lägerle" bauen, irgendetwas lief immer. Wenn die Kinder mit den Schularbeiten fertig waren, konnte es nicht schnell genug ins „Höfle" gehen. Und das alles, ohne dass Tausende für Spielplätze ausgegeben werden mussten. Auch Kindergeburtstage mit Kakao und Kuchen und diversen Speisen wurden im „Höfle" gefeiert und waren beliebt.

Unsere Hausgemeinschaft funktionierte gut. Wir hatten zum Beispiel in unserem Lattenverschlag im „tiefen Keller" Kartoffeln gelagert, Marmelade uns Eingemachtes sowie Verschiedenes aufbewahrt. Der Türschlüssel wurde nie abgezogen, nie fehlte etwas. Auch bei der großen Wohnungssanierung im Jahre 1978 war Nachbarschaftshilfe angesagt. Die Baugenossenschaft er-

neuerte und vergrößerte die Bäder, eine Zentralheizung, neue Fenster und Türen wurden eingebaut, die elektrischen Leitungen wurden verstärkt. Wenn zum Beispiel die wohnungseigene Toilette nicht benutzt werden konnte, bot der Nachbar Hilfe an. Auch Blumengießen für den Nachbarn während des Urlaubs und dergleichen waren selbstverständlich.
Es war eine schöne Zeit in der Ludwigsburger Straße.

Ökumene wider Willen und Rettung aus höchster Not

von Peter Schmid
Jahrgang 1939, Haus 60

Über meinen Bruder Axel

Gerne möchte ich auch noch mit ein paar Anekdoten an meinen jüngeren Bruder Axel Schmid – Jahrgang 1943 (†) – erinnern, der leider schon verstorben ist.

Axel Schmid mit unserem Waldi

Als Axel nach seinem ersten Schultag in der Hohensteinschule nach Hause kam, wurde er von meiner Mutter gefragt: „Na, wie gefällt es dir denn nun in der Schule?" – „Ach ja es war ganz nett, aber morgen gehe ich wieder in den Kindergarten, da ist es viel schöner!"

Axels Schmid und Ingeborg Nieden

Ein paar Tage später wurden die Kinder in der Schule nach protestantischem und katholischem Religionsunterricht eingeteilt. Als Axel nun an der Reihe war und gefragt wurde, ob er protestantisch oder katholisch wäre, antwortete er „Ich bin katholisch!" Das Wort protestantisch hatte er vorher nie gehört und so ging er einige Jahre in den katholischen Religionsunterricht.

Kurz vor der Kommunion der Kinder fielen unsere Eltern aus allen Wolken als sie das bemerkten, dass er nicht in den protestantischen Unterricht gegangen war und erklärten Axel dann den Unterschied zwischen protestantisch und katholisch!

Wie allen älteren Mitbewohnern noch bekannt ist, waren hinter unserem Block die Felder und die Streuobstwiesen mit den herrlichen Äpfeln und „unseren" besonderen Birnbäumen. Diese wurden mit aller Macht gegen die Kinder aus der „Zigeunerinsel" verteidigt. Deren Schulweg führte nämlich an den Wiesen und Gärten hinter unserem Block vorbei bis zur Ludwigsburger Straße und dann zur Hohensteinschule. Diese Kinder waren uns oft physisch und psychisch überlegen, denn viele von ihnen waren Flüchtlingskinder und lernten sich schon frühzeitig durchzusetzen, nicht nur verbal sondern auch massiv körperlich. Meistens traten sie auch in größe-

Axel und Peter Schmid an Weihnachten 1951

ren Gruppen auf. Trotzdem legten wir vom Höfle uns immer wieder mit ihnen an. Heute würde man sagen, es gab richtige Äpfel- und Birnenkriege. Eines Tages war ich mit meinem kleinen Bruder und ein paar anderen Spielkameraden wieder einmal in den Wiesen unterwegs, als eine größere Gruppe von Jungs von der „Zigeunerinsel" den Feldweg zu uns heraufkam. Natürlich gab es gleich wieder Zoff. Da sie uns zahlenmäßig überlegen waren, sah ich sofort, dass ich als größter und vielleicht auch ältester Junge unserer Gruppe gegen unsere übermächtigen Feinde nicht viel ausrichten konnte. Als auch noch der Stärkste der Gegenseite auf mich zukam und mich beschimpfte, wusste ich nicht, wie ich aus diesem Dilemma wieder heil herauskommen sollte. Mein kleiner Bruder hatte wohl die bessere Übersicht behalten und rannte in einem unbeachteten Augenblick meinem Widersacher von hinten mit voller Wucht in sein verlängertes Rückgrad. Mit dieser Attacke hatte dieser nicht gerechnet, er drehte sich zur Seite und strauchelte. Ich konnte in diesem Augenblick meine allseits berühmte und berüchtigte, gefährliche Rechte zum Einsatz bringen. Diese Auseinandersetzung war damit zu unseren Gunsten entschieden. Leider nur für kurze Zeit. Ein paar Tage später hatte sich die Horde mit dem Beschuss unserer „Festung" mit Äpfel und Birnen bitter gerächt. Die Abdrücke waren noch lange Zeit an der Hauswand zu sehen, aber ich war sehr froh darüber, dass mir mein Axel zu Hilfe kam. Ich wäre sicher mal wieder mit ein paar Schrammen und Blessuren nach Hause gekommen.

Hinter dem Haus mit unseren Eltern

Das jähe Ende des Klavierunterrichts
Die geklauten Lucky Strikes
Der vergessene Konfirmandenunterricht
Die Rache für ungerechte Ohrfeigen

von Peter Schmid
Jahrgang 1939, ehem. Haus 60

Unser Haus war das mit der Nummer 60.

Nach dem Krieg, als wieder ein Stück Normalität bei uns eingezogen war, wollten uns die Eltern auch die Kultur etwas näher bringen. Bei uns stand das Klavier meiner Mutter im Wohnzimmer und da sie selbst recht gut Klavier spielen konnte, lag es ja nahe, dass das Klavier auch das richtige Instrument für mich wäre.

Fast zeitgleich hatten die Eltern von *Gerhard Pfisterer, Hans-Peter Jacob* und *Erhard Klotz* dieselbe Idee. Wir bekamen nun jede Woche Klavierunterricht. Mein Klavierlehrer sah aus wie Beethoven, war Organist in Neuwirtshaus und wohnte in Feuerbach. So radelte ich jede Woche zur Klavierstunde zu ihm und malträtierte die weißen und schwarzen Tasten mit Fingerübungen, dem fröhlichen Landmann und was man als Anfänger sonst noch mühsam lernen muss. Eine Klavierstunde kann furchtbar lang sein, wenn draußen die Sonne scheint und im Kopf statt Noten ein Fußball herumgeistert. Ich hoffe, es lag nicht an meinen mangelnden Fortschritten, denn eines Tages wurden meine Klavierstunden zu meiner großen Freude jäh beendet; mein Lehrer hatte sich in der Kirche am Glockenseil erhängt. Darauf hin wurde das Klavier für etwas Praktischeres verkauft, wir bekamen den ersten Kühlschrank!

Mein Vater war nach dem Krieg der einzige Ofensetzermeister in Stuttgart, der noch arbeiten konnte und etwas Englisch

Axel, Peter und die Mutter

sprach. Deshalb waren seine Dienste bei den Amerikanern sehr gefragt und wurden dann oft in Naturalien bezahlt. Zigaretten und Kondensmilch bewahrte mein Vater im Keller auf. Ich besuchte zu der Zeit die 1. Klasse der Mittelschule in Bad Cannstatt und erzählte meinen Klassenkameraden von den vielen Zigaretten, die wir zuhause hätten. Natürlich glaubten sie mir kein Wort, denn von diesen Schätzen konnten in dieser Zeit nur alle träumen. Aber beweisen wollte ich es meinen Freunden trotzdem. Wie sollte ich es aber anstellen, Zigaretten mitzunehmen, ohne dass dies mein Vater merken würde? Er würde ja sofort merken, wenn ich eine Schachtel öffnen würde! Würde er es auch merken, wenn ich ihm eine Stange Lucky Strikes stibitzen würde? Nein, er hat es nicht bemerkt! Ich nahm also eine Stange Zigaretten mit zur Schule und meine Freunde waren begeistert! Nach der Schule setzten wir uns unter die Neckarbrücke und qualmten soviel, dass unser Lehrer, der gerade über die Brücke nach Hause ging, die Rauchzeichen sah und roch. Kurze Zeit später stand er neben uns. Wir hätten uns am liebsten in Rauch aufgelöst. Es half alles nichts, er nahm uns die vielen Zigaretten ab, drohte mir mit einem blauen Brief und schickte uns sofort nach Hause. Ich glaube nicht, dass er die Zigaretten vernichtet hat, ich denke eher, dass sich sein Speiseplan erweiterte und seine Familie mehr zu Essen hatte.
Zigaretten waren in dieser Zeit ein begehrtes Tauschobjekt.
Auf den „Blauen Brief" warte ich noch heute!

Peter Schmid

Hans-Peter Jakob und Peter Schmid

An einem Mittwochnachmittag ging ich mit einigen gleichaltrigen Mitbewohnern auf die Wiese hinter unserem Haus. Es war Herbst und die Birnen auf dem bekannten Baum waren endlich reif und schmeckten einfach herrlich. Bevor es sich die anderen richtig überlegten, war ich schon auf den Baum geklettert und schüttelte die süße Pracht herunter. Wir waren so mit unserem verbotenen Tun beschäftigt, dass wir Zeit und Raum vergaßen – vor allem den Raum, denn plötzlich stand der Besitzer des Baumes neben, beziehungsweise unter uns. Alle suchten natürlich sofort das Weite, nur ich konnte leider nicht fliegen und saß versteinert vor Angst auf dem Baum. Dort musste ich auch noch einige Zeit aushalten, bis sich der Bauer endlich schimpfend entfernte. Als ich dann endlich wieder festen Boden unter den Füßen hatte, fiel mir mit Schrecken ein, dass ich nun den Konfirmandenunterricht verpasst hatte. Bei Pfarrer *Dr. Wörner* war das ein Vergehen, denn als er im Unterricht nach mir gefragt hatte, warum ich den fehle, verrieten ihm die anderen, dass ich noch auf dem Birnbaum säße. Eine Woche später, als ich dann pünktlich zum Unterricht erschien, wurde ich gleich mit einer Ohrfeige empfangen und damit an das 7. Gebot erinnert. Apropos Ohrfeige, die hat sich wie ein roter Faden durch meine Jugend gezogen und oft wusste ich wirklich nicht warum ich zu dieser kam, oder?

Ich ging in die Volksschule der Hohensteinschule und an irgend einem Tag gab es Differenzen zwischen mir und *Albert Zierle*, bei der *Albert* dank meiner schnellen Rechten unterlag und heulend wegrannte. Den Vorfall hatte ich aber schnell vergessen, bis ein paar Tage später die Schulsekretärin im Klassenzimmer erschien und mir erklärte, dass ich auf dem schnellsten Weg zum Rektor in die Rosenschule kommen sollte. Mir schwante immer noch nichts böses, bis ich die Türe zum Rektorat öffnete und ich schon wieder eine Ohrfeige erhielt. Erst hinterher geben die Erwachsenen ihre Erklärungen ab: „In Zukunft lässt du den *Albert* in Frieden!". Da war ich richtig sauer, denn nun waren mir die Zusammenhänge klar. *Albert* hatte gepetzt und sein Großvater war ein Kollege von Herrn Tröster und der wohnte nur ein paar Häuser von uns entfernt. Ich fühlte mich ungerecht behandelt und überlegte nun, wie ich mich rächen konnte. *Albert* konnte ich nicht noch einmal verklopfen, denn das Resultat war mir ja nun bekannt. Da kamen meine Freunde und ich auf eine „zündende" Idee! An einem Abend, es war schon dunkel, schlichen wir vor *Herrn Trösters* Haustüre. Vor der Türe war ein kleiner Vorgarten und so konnten wir bei der Dunkelheit ungeniert unsere Notdurft direkt vor der Haustüre verrichten, legten etwas Zeitungspapier darüber und steckten ein Streichholz in die Klingel. Da *Herr Tröster* im ersten Stock wohnte und nicht mehr der Jüngste war, wussten wir, dass wir genügend Zeit hatten, um die Zeitung anzuzünden und zu flüchten. Ich glaube, nun kann sich jeder vorstellen was passierte: *Herr Tröster* kam schnellen Schrittes die Treppe herunter, öffnete die Haustüre, sah die brennende Zeitung und trat sie hektisch mit den Schuhen aus. Das Resultat meiner Rache war nun klar erkennbar und hat ihm sehr „gestunken".

Die Schmids

Peter Schmid

Von der großen Freiheit zur erneuerten Schulpflicht

von Walter Euchner,
Jahrgang 1938, ehem. Haus 60

Die große Freiheit

Als sich gegen Ende des Zweiten Weltkriegs die Bombenangriffe auf Stuttgart häuften, wurden die Schulkinder in weniger gefährdete Gegenden verlagert. Wer dort Verwandte hatte, konnte zu diesen ziehen, wer nicht, wurde in größeren Gemeinden der Provinz unter geeignete Familien verteilt.

Ich wurde zu meiner großelterlichen Familie nach Marbach a.N. geschickt. Mein Großvater, Schuhmachermeister, schwerkriegsbeschädigt, wurde in Ludwigsburg, damals Garnisonsstadt, zum Werkstattmeister der Schumacher gemacht, die die Knobelbecher[20] der Soldaten zu flicken hatten. Meine Großmutter war Bibelforscherin und wartete vergeblich auf das Harmagedon[21].

Marbach bedeutete für mich eine Weichenstellung, weil ich während dieser Zeit die Aufnahmeprüfung für eine Stuttgarter Oberschule bestand. Die Prüfungsszenerie steht mir noch vor Augen. Es war Winter, der Raum überheizt und schlecht beleuchtet, an den Kleiderhaken dampften die feuchten Klamotten. Es wurde Schreibpapier aus Holzschliff mit kleinen Holzsplittern verteilt. Wenn die Schreibfeder darüber stolperte, gab es gleich eine „Riesensau" (= Tintenklecks). Die Rechenaufgaben: Multiplikationen mit mehrstelligen Zahlen, sodann die mir verhassten Stäffelesdivisionen. Wenn sie nicht aufgingen, wusste man gleich, dass man

---
[20] Militärstiefel
[21] jüngstes Gericht

sich verrechnet hatte. Bei mir gingen sie fast nie auf. Zeit, den Fehler zu suchen, hatte man kaum. Dann Diktat und Aufsatz. Hier war ich meiner Sache ziemlich sicher. Jedenfalls: Ich bestand, nach einer einfachen mündlichen Prüfung.

Meine kleine Schwester *Susi* kam mit *Friedel*, einer Freundin der Familie, nach Kleinengstingen auf der Alb zu unserer „Louistante", eine Witwe, die dort mit einer Tochter eine Minilandwirtschaft betrieb; ihre zweite Tochter arbeitete in einer Garnspinnerei. Auf diese Weise kam die kombinierte Weiberwirtschaft über die Runden. Die „Louistante" war eine herzensgute Frau, doch sie hintertrieb jede Männerbekanntschaft, so dass ihre Töchter wohl oder übel ledig blieben.

Walter und Susi Euchner mit ihrer Mutter

Meine Mutter war Direktrice in einer Kleider- und Schürzenfabrik und blieb während der gesamten Umbruchszeit berufstätig. Ihre Fabrik wurde nach Kirchheim/Teck verlagert. Sie fuhr jeden Morgen von Zuffenhausen nach Kirchheim, trotz der Gefahr, in Luftangriffe (Tiefflieger!) zu geraten.

Mein Vater war Soldat an der Westfont. Wir wussten nicht, dass er zu dieser Zeit bereits gefallen war.

Als sich nach der Invasion der Alliierten 1944 das Kriegsende abzeichnete, sagte sich meine Mutter, *Susi* in Kleinengstingen, *Walter* in Marbach, ich pendle zwischen Zuffenhausen und Kirchheim, das geht nicht, denn in den Wirren des Kriegsendes kann die Familie leicht auseinander gerissen werden. Also holte sie ihre Kinder zurück nach Zuffenhausen, wo wir noch einige dramatische Luftangriffe erlebten.

Erst kamen die Franzosen, dann die Amerikaner, die staatlichen Einrichtungen mussten erst wieder aufgebaut werden, die Schule war noch geschlossen. Für mich bedeutete diese Zeit den Anbruch der Großen Freiheit. Ganz Zuffenhausen war ein Abenteuerspielplatz, aber mit echten und wirklich gefährlichen Abenteuern.

Gleich gegenüber von unserer Wohnung in der Ludwigsburgerstraße 60 wohnten *Mayers*. Ihre Wohnung wurde durch eine Sprengbombe zerstört.

Walter Euchner mit seiner Mutter

Ein paar Schritte in den Flur, dann begann der Abgrund. Das Schlafzimmer war noch betretbar, aber die nördliche Seitenwand fehlte. Auf dem darunterliegenden Platz lag das Blechdach, mit dem die Mansarden der oberen Wohnungen abgedeckt waren. Warf man einen Mauerstein drauf, gab es ein Mordsgepolter. Es war mir klar, dass ich mir dieses Vergnügen nicht oft leisten konnte, wenn ich Ärger mit den Hausbewohnern vermeiden wollte. Auch die Wohnung darunter war nicht mehr bewohnbar. Sie war geräumt; und die Wohnzimmerdecke hing etwas durch und hatte verdächtige Risse.

Neuer Abenteuerspielplatz

Der Übergang vom Wäschetrockenplatz zur angrenzenden Wiese. Hier wucherten Brennnesseln und darin lag Munition, die vermutlich von flüchtenden Soldaten weggeworfen worden war. Ich hatte inzwischen Spießgesellen, zwei Blondschöpfe. Der eine, ein Elektrobastler, der auf Bretter allerhand Schalter,

Fassungen für Glühbirnen usw. montierte, war in meinem Alter, der andere höchstens sechs. Ihre Namen habe ich völlig vergessen. Sie wohnten im Langbau dort, wo unten *Baumanns* und weiter oben *Schneiders* wohnten, und zwar ganz oben, rechts. Der Ältere von beiden kam auf die Idee, die gefundenen Patronen in die Löcher eines Backsteins zu stecken, um die Kugel herauszuheben. Man konnte in die Böschung unterhalb des Birnbaums eine Höhlung graben, das Pulver hineinpraktizieren, eine Pulverlinie streuen und anzünden. Wir gingen in Deckung. Das Resultat war nicht furchterregend, doch wir wussten, dass unser Treiben gefährlich war und stellten es deshalb ein.

Nächster Tatort: Die Silcherschule

Das Schulgebäude, aus Backstein, war zerstört. Eine Böschung aus losen Backsteinen führte zu einer Tür- oder Fensteröffnung, hinter der der Heizungskeller lag. Wir entdeckten die Heizungsschächte, die vermutlich mit Koks befeuert wurden. Sie waren leer und mit schweren Schiebern abzudecken. Wir stellten uns vor, wir hätten Gefangene. Wenn man die in die Heizungsschächte würfe und den Deckel zuschöbe, so müssten sie elendig verhungern. Dann aber machten wir eine interessante Entdeckung. Wir fanden einen Karabiner ohne Kolben, passende Munition und ein leeres Bierfass. Möglicherweise hatten sich flüchtende Soldaten in dem Heizungskeller versteckt. Ich wusste, dass man diesen kolbenlosen Karabiner nicht einfach an der Schulter anlegen konnte, denn ich hatte vom Rückschlag gehört und konnte mir vorstellen, dass dieser die Schulter des Schützen zerschmettern würde. Wir legten also den Karabiner auf das Bierfässchen und zogen mit einem Stöckchen ab[22]. Ein ohrenbetäubender Knall, der Raum füllte sich mit Qualm und Staub, wir kletterten so schnell wir konnten die Böschung hoch ins Freie! Erst nach einiger Zeit wagten wir uns wieder runter. Das

---

[22] den Abzug betätigen

Gewehr lag einige Meter hinter dem Fass. Mir dämmerte so langsam der kolossale Leichtsinn unseres Tuns, denn man hatte mir von Querschlägern erzählt. Wir wechselten das Terrain.

Der Jungelektriker hatte einen Bedarf an Glühbirnen, damals Mangelware. Wir kamen auf die Idee, die Ruinen großer Gebäude zu durchsuchen, z. B. die Sakristei der Pauluskirche und die Stadtbibliothek, das lange Gebäude in der Ludwigsburger Straße, wo der Fünfer eine scharfe Linkskurve machte. Heute steht dort das Rathaus. Wie hoch die Ausbeute war, vermag ich nicht mehr zu sagen; auch verschwanden die Blondschöpfe langsam aus meinem Blickfeld. Ich erinnere mich daran, den Turm der Johanneskirche bestiegen zu haben. Die Wendeltreppe hatte eine Lücke von drei Stufen, die man mit einem großen Schritt überwinden musste. Die Eisenträger des Glockenstuhls waren völlig verbogen. Ich glaube, die Glocke fehlte. Vielleicht wurde sie zur Herstellung von Kanonenrohren verwendet, denn von der Verwandlung von Schwertern in Pflugscharen war damals noch keine Rede.

Der Neubeginn der Schulzeit

Im Herbst 1945 begann die Schule wieder und die Große Freiheit nahm ein Ende. Dies war gut so, denn wer weiß, auf welche Ideen ich noch gekommen wäre. Ich kam gleich in die zweite Klasse, weil ich in Marbach noch einige Wochen die Oberschule besucht hatte. Auf eigenen Wunsch lernte ich neben Englisch auch Latein. Die Schulräume lagen in der Hohensteinschule, im tausendjährigen Reich die Horst-Wessel-Schule, wenn ich mich recht erinnere. Es wurde Winter, die Klassenzimmer waren mit Öfen ausgestattet, und man sollte Holzscheite oder Braunkohlenbriketts mitbringen.

Ferner gab es Schülerspeisung. Die war so organisiert: Die Schüler erhielten einen Blechbecher in Form einer amerikanischen Konservendose, an die ein Henkel gelötet war. Das Essen wurde auf Rutschern, auf denen sog. Thermophore standen, in die Klassenzimmer gerollt. Freiwillige Helferinnen verteilten es. Es bestand aus Trockenkartoffeln, aufgeweichten Teigwaren, Erbsen, Büchsenfleisch und ähnlichen Zutaten. Die meisten Schüler mochten es nicht und kippten es gleich in das Handwaschbecken, das auf diese Weise verstopft wurde. Man brauchte nur den Wasserhahn aufzudrehen, um eine Überschwemmung zu erzeugen.

Klassenbild mit Walter Euchner.
Im Hintergrund die Zimmerei Wetzel und unser „Block"

Es gab aber auch Schüler, die zu Hause nicht genügend zu essen bekamen und einen Riesenhunger mitbrachten. Ich erinnere mich an einen solchen Kameraden. Er war gebürtiger Holländer, etwas älter als wir, ein großer Kerl. Er war in der Lage, mehrere Portionen zu verdrücken. Gerne erzählte er von Holland, z. B. von den Versteigerungen von Fisch auf dem Fischmarkt. Irgendwann war er wieder verschwunden.

Die Anführerin der Helferinnengruppe war *Frau Schloz*, genannt Frau Schlonz, eine kleine, resolute und etwas mollige Frau. Als sie in der Pause mit ihren Thermophoren anrückte, saß ein Schüler auf einem Mäuerle und sagte: „Da kommt se, die fett' Sau." Auf der Höhe des Schülers angelangt, haute sie ihm eine gewaltige Maulschelle runter und zog wortlos und ungerührt weiter. Übrigens wurde die geschilderte Art von Schülerspeisung bald abgeschafft und durch Kakao und Crackers ersetzt, was allgemeinen Anklang fand.

Walter Euchner vor dem Haus 54

Die Zeiten normalisierten sich, der Unterricht ging seinen gewohnten Gang. An meine Zeit in der Zuffenhäuser Oberschule habe ich gute Erinnerungen.

Die Schüler wurden nicht überfordert; ich selbst habe mir viel Zeit genommen, meinen literarischen Interessen nachzugehen. In meiner Klasse bildete sich ein Freundeskreis heraus, mit *Gerhard Rieker*, Klassenprimus und großer Sportsmann, der Apotheker wurde (er ist im Mai 2008 verstorben), mit *Horst Rau*, genannt Horstle Raule, der in Zuffenhausen eine Buchdruckerlehre machte und in der Druckerei Henkel arbeitete, dem *Balliers Hans*, ausgestattet mit einem kauzigen Humor, der Ingenieur werden wollte und es auch wurde. Wir waren die Autoren unzähliger kleiner Gedichte, die wir während des langweiligen Deutschunterrichts niederschrieben und in denen wir unsere Lehrer verulkten. Desgleichen verfertigten wir eine kleine Stilblütensammlung. Die Schulhefte, in die wir all das schrieben, besitze ich heute noch. Die lustigsten Sachen davon müssten einmal veröffentlicht werden. Zu dem Freundeskreis gehörte auch *Udo Sautter*. Er absolvierte zunächst eine kaufmännische Lehre, studierte dann in Tübingen Romanistik und erhielt schließlich in Windsor, Kanada, eine Professur für neuere Geschichte. Das Ende seiner Kariere krönte er mit einem Ruf ans Historische Seminar der Uni Tübingen.

Zugegeben, der Lehrkörper in Zuffenhausen war überaltert, die meisten Studienräte hatten ihre Laufbahn noch im Kaiserreich begonnen und waren z. T. etwas wunderlich geworden. An der Feuerbacher Oberschule, die man besuchen musste, wenn man das Abitur machen wollte, zog das Niveau deutlich an. Doch was ich an beiden Schulen gelernt habe, war kein schlechtes Fundament für meine weitere Ausbildung.

ANMERKUNGEN, ANHANG

Anmerkungen zu den Gewittern über Zuffenhausen und meinem zweiten Hochsitz

von Walter Euchner,
Jahrgang 1938, ehem. Haus 60

Norbert W. Launer erinnert sich an die vielen nächtlichen Gewitter zwischen Mönchsberg und Bahnlinie. Nach meiner Erinnerung gab es in der Tat viele nächtliche Gewitter, aber auch solche tagsüber. Man konnte sie schwarzwolkig herbeiziehen sehen. Als die gefährlichsten galten die, die vom Osten, also vom Neckar her, kamen, und als die allergefährlichsten die, die zwei- oder dreimal zurück- und wieder her zogen. Sie brachten häufig Hagel mit, manchmal mit vogeleigroßen Schloßen[23].

Mir jagten die Gewitter keine Angst ein. Im Gegenteil: Ich erklomm meinen zweiten Hochsitz, der sich zwischen Schlafzimmerfenster und Dachrinne im Haus 60 der Ludwigsburger Straße befand. Der erste befand sich, wie der aufmerksame Leser bereits weiß, auf dem Birnbaum am Höfle. Ich ließ den Rollladen runter, stellte ihn nach außen und schwang mich, so gegen den Regen einigermaßen geschützt, aufs Fensterbrett, Beine nach außen, um mich durch die Dachrinne abzustützen. Dort ließ ich mich in den Bann des grandiosen Tobens und Blitzens der aufgewühlten Natur ziehen. Natürlich wurden Schuhe und Socken nass, aber das trocknete ja wieder.

Der zweite Hochsitz diente einem weiteren Zweck. Mein Schulkamerad *Hans Ballier* wohnte in einem Haus, das gemäß des heutigen Stadtplans am Kelterplatz liegt. Vielleicht lag es einst am Beginn der Mönchsbergstraße. Wie auch immer, wir konnten Blickkontakt herstellen. Wir beschlossen, nach Eintritt der

---

[23] Hagelkörner

Dunkelheit uns mit Hilfe einer Taschenlampe via Morsealphabet Botschaften zuzusenden. Die Buchstaben dieses Alphabets, das aus einer Kombinationen von langen und kurzen Signalen besteht (das Notsignal SOS wird ··· – – – ··· geschrieben). Das Morsealphabet schrieb ich auf einen Pappdeckel und befestigte es an der Wand über der Fensterbrüstung. Welche Mitteilungen wir uns zusandten, weiß ich nicht mehr, vielleicht über die Hausaufgaben oder über eine gemeinsame Unternehmung. Heute hat man's mit Email leichter, doch das Taschenlampenmorsen war romantischer.

Gedanken zum Ludwigsburger Block
Ludwigsburger Straße 54–58
(früher Stuttgarter Straße 49–45)

*Zusammengestellt von Hanns Hub,
Vorstand der Baugenossenschaft Zuffenhausen e.G.
(Original Abschrift)*

Baubeschluss für die Gebäulichkeiten erfolgte in der gemeinsamen Sitzung von Vorstand und Aufsichtsrat am 18.10.1926. Planende Architekten (bei Ludwigsburger Straße 52–62) waren jeweils Eckert & Schäfer.

Wegen der auch für Architekten schlechten wirtschaftlichen Lage wurde damals beschlossen, den anderen „Stammarchitekten" der BGZ, Weckerle & Elben, die Bauleitung des Hauses 58 (45) zu übertragen.

Die „Namhaftmachung der Mieter für die Wohnungen in den Neubauten an der Stuttgarter Straße" erfolgte am 22. 4. 1927, Bezug der Wohnungen begann dann wohl ab Mai 1927.

Nun zu den Häusern:

Ludwigsburger Straße 54-58

Baugenehmigung 7. 10. 1926,
24 Wohnungen
1.851,34 m² Wohnfläche
Grundstück 1.682 m²
anfängliche Mieten 65–90 Reichsmark pro Monat.

Ludwigsburger Straße 60 (Stuttgarter Straße 43)

Baugenehmigung 14. 7. 1927,
8 Wohnungen
630,90 m² Wohnfläche
1 Gewerberaum mit 59,89 m²
Grundstück 344 m²
Vermietung beschlossen am 1. 8. 1927
Bezug ab Mitte November 1927
anfängliche Mieten 70–95 Reichsmark pro Monat.

Ludwigsburger Straße 52 (Stuttgarter Straße 51)

Baugenehmigung 8. 12. 1927
8 Wohnungen
640,97 m² Wohnfläche,
Grundstück 417 m²
Vermietung beschlossen am 27. 6. 1929
Bezug ab 1. 10. 1929
anfängliche Mieten 55–135 Reichsmark pro Monat.

Haus 52 wurde mit Haus 62 (damals Goethestraße 1) gebaut. Die Baugenehmigungen wurden jeweils durch Gemeinderatsbeschluss erteilt.

Am 19. 12. 1927 wurde in der Vorstandssitzung die Anbringung von Teppichstangen vergeben.

Im Jubiläumsbericht von 1927 ist der Ludwigsburger Block mit einigen Bildern vertreten, textlich erwähnt ist er auf Seite 14 und 22–23. Die Architekten sind auf der dritten Anzeigenseite zu finden.

Die Grundstücke wurden 2006 gekauft, bis dahin waren es Erbbaugrundstücke der Stadt Stuttgart.

Stuttgart, den 27. November 2008

gez. Hanns Hub

Hanns Hub

Auszug aus der Niederschrift über eine Hauptversammlung (Original Abschrift)

Außerordentliche Hauptversammlung am Dienstag, den 8. Oktober 1929 in der „Krone".

Abwesend die Vorstandsmitglieder:
Gemeinderat Mayer, Alfred Lotterer und Katastergeometer Sigmund.

Vom Aufsichtsrat:
Gemeinderat Brauch, Illguth, Gewerbeschulrat Maier, Architekt Eckert und Roos.

Entschuldigt: Gemeinderat Oelkrug.

Tagesordnung:

1. Bericht des Vorstandes über die Neubauten.
2. Antrag der Verwaltung, den Gesamtbetrag, den die Anleihe der Genossenschaft und die Spareinlagen der Mitglieder auf M 1 700 000.– zu erhöhen, s. § 33 Abs. 7
3. Erhöhung der Geschäftsanteile (Änderung § 43 Abs. 1)
4. Erhöhung der Haftsumme (Änderung § 46 Abs. 1)
5. Verschiedenes

Der Aufsichtsratsvorsitzende Gemeinderat Brauch eröffnet 8.15 Uhr die Versammlung, indem er feststellt, dass die Einberufung satzungsgemäß richtig erfolgt sei unter vorschriftsmäßiger Bekanntmachung der Tagesordnung, die er noch einmal bekannt gibt, und die hierauf von der Versammlung genehmigt wird. Hierauf verliest er die Niederschrift von der Hauptversammlung vom 7. Juli 1928, die damals nicht zur Verlesung gekommen war. Die Niederschrift wird genehmigt.
Sodann führt der Vorsitzende zu Punkt 1 der Tagesordnung über:

Werte Genossenschaftler.

Wie Ihnen bereits in der letzten ordentlichen Hauptversammlung im Mai berichtet wurde, ist in diesem Frühjahr an der Stuttgarterstraße mit dem Bau von 2 Doppelhäusern zu je 8 Wohnungen begonnen worden. Der Typ dieser Häuser und Wohnungen musste dem bereits dort Bestehenden angepasst werden. Nach den Plänen der Architekten Firma Eckert & Schäfer waren 3 und 4 Zimmerwohnungen vorgesehen.

Diese Pläne mussten insofern ein wenig geändert werden, als sich 2 Wohnungsliebhaber meldeten, die eine 5 bez. 6 Zimmerwohnung wünschten. Wir kamen diesen Wünschen insofern gerne nach, weil wir damals gar nicht so viel Bewerber um Vierzimmerwohnungen hatten, als im Bau vorgesehen waren. Durch die 5 Zimmerwohnungen erhielten wir dann 2 Dreizimmerwohnungen mehr, wodurch die Vergebung etwas erleichtert wurde. Die Bauweise sollte ursprünglich die gleiche werden, wie bei der Häusergruppe Sedanstraße 22/28, wo auf Em-pfehlung der Architektenfirma Weckerle und Elben die so genannte Trockenbauweise mit massiven Decken und Eisenkonstruktionen praktisch angewendet würde. Bei der im Frühjahr im „Bären" abgehaltenen außerordentlichen Hauptversammlung wurden jedoch von den Wohnungsinhabern so starke Beschwerden über Schalleitung vorgebracht, dass sich Vorstand und Aufsichtsrat genötigt sahen, diese Dinge etwas näher zu prüfen.

Das Resultat war, dass die in der Sedanstraße verwendeten Eisenträger eine starke Leitungsfähigkeit besitzen, wodurch die Störungen herbeigeführt werden. Nach auswärtigen Besichtigungen und Erkundigungen kam zum Vorschlag, die Decken über dem Untergeschoss und dem Erdgeschoss mit Remysteinen ohne Eisenträger, und die darüber liegenden Decken mit Hohlgebälk zu bauen. Dadurch sind wir nun in der Lage, zu prüfen, welches System am wenigsten Schallwirkung aufweist. Zum ersten Male wurden in diesen 2 Häusern Steintreppen eingebaut. Wenn sie einigermaßen befriedigen, werden wir auch in

Zukunft dabei bleiben. Der innere Ausbau dieser Wohnungen mit Wasserspülung, Linoleum, eingebauten Küchenschränken und Warmwasserautomaten ist so ziemlich der gleiche wie in Stuttgarterstraße 43. Neu ist die Verwendung von Herden mit Emailplatten statt geschliffenen, weil die letzteren den Frauen immer sehr viel Arbeit verursachen; außerdem die Aufstellung richtiger Dauerbrandöfen amerikanischen Systems mit Füllschacht, die seit Jahrzehnten erprobt sind.

Die Anschaffung von guten und zweckmäßigen Herden und Öfen ist sicher im Interesse der Wohnungsinhaber und der Genossenschaft gelegen. Denn es gibt nichts Aufregenderes für die Vorstandsmitglieder, als die ständigen Klagen der Hausfrauen über schlechte Herde und Öfen, die nicht oder zuviel ziehen oder gar rauchen.

Das ist ein ganz besonderes Kapitel, diese rauchenden Öfen und nicht ziehenden Kamine in unserer Genossenschaft, so dass die Verwaltung ihr ganz spezielles Augenmerk auf die richtige Anlage der Kamine richten muss. Die Erfahrungen und Widerwärtigkeiten der letzten Jahre haben uns gezeigt, dass fast jedes Haus nach Fertigstellung in dieser Hinsicht gewisse Mängel aufzuweisen hatte. Hinterher will dann der Architekt nichts mehr wissen, da bleiben alle Unannehmlichkeiten voll und ganz an der Verwaltung hängen.

Doch wir wollen hoffen, dass sich in den soeben fertig gestellten Neubauten an der Stuttgarterstraße diese Nachteile nicht zeigen, sondern dass Kamine, Herde und Öfen tadellos funktionieren. Denn wenn die Wohnungsinhaber eine, nach ihrer Ansicht, hohe Nutzungsgebühr bezahlen, dann wollen sie auch die Annehmlichkeiten haben, die sie sich in Voraus von einer neuen und schönen Wohnung versprechen.

Nun noch ein Wort zur Finanzierung. Die Finanzierung der 2 Neubauten war schon vor Beginn der Bautätigkeit so ziemlich gesichert.

Auf 1. Sicherheit gab die Oberamtssparkasse ein Baudarlehen von M. 100 000.– zu 7,5 % Zins und 1 % Tilgung,

an 2. Stelle erhielten wir die Hauszinssteuerhypotheken der Württembergischen Wohnungskreditanstalt 16 000 + 45 000 gleich M. 72 000.– (*Anmk: ?*) zu 4% Zins und 1% Tilgung.

Das eigene Aufbringen steht noch nicht ganz fest, weil die Bauabrechnung noch nicht vorliegt, wir werden aber bestimmt mit M. 40 000.– rechnen müssen.

An dieser Summe von M. 40 000.– sind aufgebracht worden: durch die Wohnungsinhaber als Geschäftsanteile M. 9 400.– und als Baudarlehen M. 13 000.–

so dass die Bewohner dieser Häuser über die Hälfte des eigenen Aufbringens beigebracht haben, eine sehr erfreuliche Tatsache, die uns in diesem Ausmaß bis jetzt noch nie gelungen ist und die verdient, gebührend hervorgehoben zu werden.

In die Wohnungen eingezogen sind:

4 Lehrer
4 Angestellte
3 Arbeiter
2 Beamte
2 selbständige Gewerbetreibende und
1 Witwe

Von den in den Untergeschossen vorhandenen Geschäftsräumen wurden vermietet:

im Haus Goethestraße 1: an Karl Honsalek, Lederhandlung, im Haus Stuttgarter Straße 51: an Herrn Wilhelm Russ, Architekt für seine Bürozwecke.

Als Nutzungsgebühr für die Wohnungen wurden festgesetzt:

Für eine 4 Zimmerwohnung im Erdgeschoss	M 85.–
Für II. Stock mit Kammer	M 110.–
Für die 5 Zimmerwohnung mit Kammer	M 130.–
Für 6 Zimmer	M 135.–
Für 3 Zimmer im Erdgeschoss	M 70.–
Für 3 Zimmer im I. und II. Stock	M 80.–
Für 3 Zimmer im Dachstock	M 55.– und M 58.–

Diese Sätze sind etwas höher als in Stuttgarter Straße 43, weil der Gemeinderat den von uns gestellten Antrag auf Zinszuschuss bis jetzt noch nicht beraten und angenommen hat. Sobald die Bauabrechnung vorliegt, was noch einige Wochen dauern dürfte, kann der Gemeinderat Beschluss darüber fassen und wir sind dann in der Lage und bereit, die jetzt festgesetzte Nutzungsgebühr entsprechend herabzusetzen. Das ist den Wohnungsinhabern bei Übergabe des Nutzungsvertrags auch schriftlich mitgeteilt worden. Lehnt der Gemeinderat den Zinszuschuss ab, bleibt es bei den festgesetzten Sätzen.

Wir hatten ursprünglich nicht die Absicht und den Mut, dieses Jahr mehr würdigen Verlauf nehmen werde. An die Mitglieder unserer Genossenschaft möchte er den Appell richten, alles dazu beizutragen, um die Jubiläumstagung wirkungsvoll zu gestalten. Der starke Besuch der auswärtigen Delegationen erfordere hierbei eine erhebliche Anzahl von Quartieren. Der Verwaltungsrat richte an alle Mitglieder den höflichen Appell, Quartiere, wenn irgend möglich, zur Verfügung zu stellen.

Der Aufsichtsratsvorsitzende teilte noch mit, dass die Verwaltung zur Zeit versuchsweise 2 elektrisch betriebene Waschmaschinen in der Stuttgarterstraße aufgestellt habe, um festzustellen, ob diese Einrichtung für die Genossenschafter für die Zukunft von Vorteil sei.

Schluss der Versammlung 10.30 Uhr.

Der Vorsitzende:

gez.: Albert Brauch
gez.: Wilhelm Krebs
gez.: Karl Höger
gez.: Karl Trommer

Der Schriftführer:

gez.: Karl Maier

LITERARISCHE TRAVESTIEN

Literarische Travestien

von Walter Euchner,
Jahrgang 1938, ehem. Haus 60

Travestien [= *Anmk.: Umgestaltungen*]

Niedergeschrieben in dem langweiligen Deutschunterricht in der „Oberschule für Jungen" in der Hohensteinschule in Zuffenhausen im Jahr 1949 / 1959. Die Verfasser: *Horst Rau, Gerhard Rieker* und *Walter Euchner* (Höflesbewohner)

Monolog Tells – in Wilhelm Tell von Friedrich Schiller

Anlass zu dieser Dichtung war der von dem auch „Mister" genannten Lehrer Josef Braun anberaumte Lerngang auf den zwischen Zuffenhausen und Kornwestheim gelegenen Auffüllplatz zum Zweck des Findens von für den Chemieunterricht geeigneten Gegenständen.

> Durch diese hohle Gasse muss er kommen
> Es führt kein andrer Weg zum Auffüllplatz.
> Hier vollend ich's. – Die Gelegenheit ist günstig.
> Dort der Holunderstrauch verbirgt mich ihm.
> Von dort herab kann ich die Blechbüchs werfen.
> Mach deine Rechnung mit dem Himmel, Mister.
> Weg musst du, der Auffüllplatz ist gesperrt.
> Du hast mich aus dem Schlafe aufgeweckt
> Mit deiner Blechbüchs' lautem Knallen.
> Wer sich den ganzen Auffüllplatz zum Ziele setzt,
> Der kann auch treffen auf den Kopf des Feindes.
> Und nicht der Emil hätte sich erlaubt.
> Was du! – Er sandte dich an diesen Platz
> Die Sammlung zu vermehren, um vieles,
> Denn er braucht's. Doch nicht,
> Um mit mörderischer Lust
> Dich jedes Bleches straflos zu bemächtigen.
> Komm du hervor, du Blechbüchs voller Knallgas,
> Mein teures Kleinod jetzt, mein höchster Schatz.
> Ein Ziel will ich dir geben, das bis jetzt
> Den Explosionen undurchdringlich war.
> Doch dir soll er nicht widerstehen.
> Und du – vertraute Streichholzschachtel,
> Die mir so oft treu gedient hat
> Bei des Bunsenbrenners Spielen,
> Nur jetzt noch sei nicht feucht, du treues Streichholz,
> Das Josefs Blechbüchs hat so oft beflügelt.
> Entränne diese Büchse kraftlos meinen Händen

Des Josefs Tyrannei würd' niemals enden.
Auf diesen dreigebeinten Stuhl will ich mich setzen,
Dem Lehrer nur zur kurzen Ruh' bereitet.
Hier geht der sorgenvolle Mister,
Der leichtbeschwingte Paule, der
Andächtige Emil, der düstere Otto
Und der heitere Erich, der Josef
Mit dem schwer beladnen Rucksack,
der ferne herkommt von des Auffüllplatzs' Gefilden.
Sonst, wenn der Josef auszog, liebe Schüler,
das war ein Unterricht, wenn er wiederkam.
Denn niemals kehrt er heim,
er bracht auch etwas, war's
ein schönes Holzstück, war's ein
seltnes Röhrlein oder Kupferblech,
wie er der Josef findet in den Kuttereimern.
Ich laure auf ein edles Wild!
Denn Mister lässt sich's nicht verdrießen,
Tagelang herumzustreifen in des
Auffüllplatzes Felde, von Rohr
Zu Rohr den Wagesprung zu tun.
Mein ganzes Leben hab' ich
Das Knallgas gehandhabt,
Mich geübt nach Josefsregel.
Ich habe oft getroffen auf die Lampe
Und manche schöne Narbe heimgebracht
Vom Büchsenschießen. – Aber heute
Will ich den Meisterschuß tun
Und den kleinsten Mann im ganzen
Umkreis unsrer Schule treffen.

Maria Stuart
Eine in Reime gefasste Einleitung zu Friedrich Schillers gleichnamigem Drama

Maria war ein holdes Frauenzimmer,
doch eitel, wie die Frauen alle sind.
Herr Moser sagt im Unterricht das immer
Nach kurzer Einleitung der erste Akt beginnt.
Von Jakob eine Tochter war Maria,
sie hatte langes blondgelocktes Haar;
ob sie so schön war wie dieselbe aus Bahia?
Doch ebenso beliebt sie sicher war.

Und königlich und stolz wie ganz bestimmt war,
nur leider eingesperrt im finstren Kerkerloch.
Da nütz' ihr auch nicht mehr ihr Blondhaar,
dereinst sie fein nach Kölnisch Wasser roch.

Walter Euchner

Der Ehegatten hatte sie 'ne Masse.
Sie wusst' wahrscheinlich selber nicht, wie viel.
Der erste starb, der zweite wurd' aus Hasse
Gestorben; und die andern dienten nur zum Spiel.

Es war der Jahrestag, an dem ihr zweiter Gatte
Durch sie und ihre Helfershelfer starb.
Sie schlugen damals übern Kopf ihm eine Latte,
Worauf der arme Darnley dann verstarb.

Herr Bothwell war ein wunderschöner Ritter.
Maria schmachtete in Liebesglut.
Sie sang nur noch so ach verbuhlte Lieder
Und Liebesglut tut wahrlich selten gut.
Dran schuldig waren nur die bösen Geister
Die unsre liebe Mary so verführt.
Doch andrer Ansicht war ihr Kerkermeister,
Er gab der holden Queen, was ihr gebührt.

Allmählich kam dann große Reue,
In einen Schleier hüllte sich die junge Frau.
Sie tuet Buße jeden Tag aufs Neue,
Und ihre Stimmung, die war ziemlich mau.

Maria königlich und still betrauert
Den Herren Darnley, ihren frühren Mann.
Ermordet wurd' er, jetzt wird er betrauert.
Dabei war Mary selber schuld daran.

Maria wurde jetzt geleget auf den Hackblock
Des Henkers Beil vom Blute wurde rot,
Elisabeth von England kriegt' nen Herzschock,
Doch Mary war für immer mausetot.

King Lear – (nach William Shakespeare)

King Lear, das war ein alter Knacker,
Ganz krimmig, grausam, kalt.
Sein Leben lang regiert' er wacker,
Doch, wie gesagt, er wurde alt.

Er wurde alt, das ist verständlich,
wie das nun mal so meistens geht.
Beim Gehen schlottert er bedenklich,
Gebeugt und krumm am Thron er steht.

Um sich von Sorgen zu befreien
Will geben er sein ganzes Reich
An seine Töchter, ihrer dreien,
Wie wird ihm doch um's Herz so weich.

Die Töchter standen alle in 'ner Reihe,
King Lear saß auf dem Thron.
Doch schmeicheln taten ihm nur zweie,
Die Dritte kriegte als bald ihren Lohn.

Er schmiss sie raus und tat sie auch enterben,
Herrn Kent ging's ebenfalls sehr schlecht.
King Lear, der stürzt sich nunmehr ins Verderben,
Den bösen Töchtern war's gerade recht.

Nehmt's Taschentuch, denn jetzt wird es ganz tragisch,
der alte König war nun ganz allein,
Mit 100 Rittern, doch das war sehr fraglich,
denn seine liebe Tochter ließ ihn nicht herein.

Da steht er nun mit 100 Rittern
Und sehnsuchtsvoll zum Schloss er schaut.
Da plötzlich naht mit Brausen ein Gewitter
Und König Lear wird nass bis auf die Haut.

Die Nässe geht durch Hut und Haut nach innen
Zu rosten fing's Gehirngetriebe an.
Der ausgestoßne King beginnt zu spinnen,
doch dazu krähte damals noch kein Hahn.

Er tobt im Wald und ruft Gewitter und die Winde
Zu Zeugen solcher Undankbarkeit an.
Er ruft: „An mir tut man mehr Sünde,
Als ich an andern jemals hab getan!"

Die Sache wird allmählich schrecklich närrisch,
Ein Narr ist grad'zu weise gegen Lear,
Der König, der in bess'ren Zeiten stolz und herrisch,
Tappt lallend wie ein Kindlein durchs Revier.

Das Drama ist noch lang, doch schnell beschrieben.
An Schluss liegt nämlich jeder da im Blut.
Nicht eine Tochter Lears ist dabei übrig blieben.
Man sieht: Bosheit tut wahrlich niemand gut.

Walter Euchner

Hochzeit à la Corse – nach der Novelle „Mateo Falcone" von Prospere Mérimée

Gewehre sind gefährl'che Gegenstände.
Man braucht sie nur zu zweifelhaftem Zwecke.
Man lass' von ihnen lieber weg die Hände,
denn eh' man's denkt, liegt einer tot im Dreck.

Wenn man bedenkt, wie tödlich – ohne Frage –
Ein solches Schießholz ist, sagt der Verstand,
in welcher kaum beneidenswerten Lage
Mateos Nebenbuhler damals sich befand.

Mateo war der Schläger jener Jahre.
Er war ein starker Mann von stolzer Art.
Er hatte fette und verfilzte Haare
Und einen ebenso verfilzten Knebelbart.

In Porto Vecchio lebte damals eine Dame,
Mateo liebte jene tief und voller Liebespein
Frau Giuseppa war ihr Name
Doch leider liebte er sie nicht ganz allein.

Es gab, wie bereits erwähnet, einen Herren,
ein Don Juan, wie er im Buche steht.
Frau Giuseppa tut er seine Lieb erklären,
Jedoch – Mateo, der ist auch nicht blöd.

Er schwört dem frechen Burschen blut'ge Rache,
Nimmt viele Messer mit, auch 'ne Pistol.
Er will ihn töten wegen jener Sache:
Er ist bewaffnet vom Scheitel bis zur Sohl'.

Um sich für's Stelldichein recht schön zu machen,
Rasiert der Nebenbuhler sich mit viel Geschick.
Mateo hebt sehr grimmig an zu lachen.
Durchs Fenster sieht er ihn mit finstrem Blick.

Die Türe bricht mit donnerndem Gepolter,
Mateo stürmt ins Zimmer voller Wut.
Er spannt den armen Lump' nicht auf die Folter
Es knallt! – Der Seifenschaum wird rot vom Blut.

Nachdem er diese Siegestat vollbracht,
Verlässt er triumphierend nun das Feld,
Erzählt der Giuseppa das, was er vollbracht,
Und seine Heldentat ihr wohl gefällt.

Und die Moral von diesem schönen Liede:
Lieb' so 'ne Giuseppa nicht,
Sonst wirste ruiniert auf jeglichem Gebiete
Wie du hier siehst in unserer Geschicht.

Walter Euchner